Italian
advanced

Milena Reynolds

DK PUBLISHING

LONDON, NEW YORK, MUNICH,
MELBOURNE, AND DELHI

This edition first published in the United States
in 2009 by DK Publishing.
375 Hudson Street
New York, New York 10014

First published in Great Britain by
Hugo's Language Books Limited, 1996.

10 11 12   10 9 8 7 6 5 4 3 2

HD156—September 2009

Published in Great Britain by Dorling Kindersley Limited.

ISBN 978-0-7566-5437-5

Written by
Milena Reynolds
Lecturer in Italian
Morley College, London

This edition was updated by Grant Laing Partnership.

Printed and bound in China by
Starlite Development (China) Ltd.

Discover more at
www.dk.com

Contents

Preface

Hugo Advanced Italian is a comprehensive language course for people who have already studied about 100 hours of Italian, for example through completing a self-study beginners' course such as *Hugo Italian in Three Months*. This will have given the learner a basic knowledge of Italian grammar and a small core vocabulary of the most frequently used words. It is not necessary to have used *Hugo Italian in Three Months* – any similar beginners' course would do – but we do include some references to it in the grammar explanations in this book, in case you need to revise some of the elementary grammar. Where we think such revision is absolutely essential, however, we will provide it as part of the *Hugo Advanced Italian* course.

AIMS OF THE COURSE

Hugo Advanced Italian is intended:
- to expand your vocabulary in topic areas that you are likely to need – for example, travel, health, and information technology;
- to increase your knowledge of Italian grammar by adding more detail to the basic rules and exploring areas learners often find difficult, such as the correct use of different tenses and voices of the verb;
- to help you become aware of different styles of Italian speech and writing, so that you learn to use language appropriate for the particular situation in which you find yourself;
- to help you increase your fluency in reading, speaking and listening to Italian, and to begin to develop writing skills.

STRUCTURE OF THE COURSE

There are eight lessons, each one focused on a different aspect of Italian life. Each lesson contains conversations; texts for reading and listening; explanations of grammar or other language points; and exercises.

The conversations are scripted dialogues using phrases and expressions that are typical of the spoken language. They are presented both in the book and on the accompanying CDs. In the book, each conversation is followed by a list of new words and/or notes explaining difficult phrases and grammar points that arise in the dialogue.

The texts are authentic passages from Italian books, magazines, newspapers or advertisements. Most are presented as listening practice on the CDs as well as for reading practice in the book. Like the conversations, texts are followed by lists of new words and/or notes.

Grammar or other language points are explained in numbered sections spread out through the book

The exercises are designed to test your comprehension of the texts and conversations, and your grasp of the grammar. They also offer you a chance to practice forming sentences and expressing yourself in Italian. Those exercises most suitable for oral practice appear on the CDs as well as in the book.

At the back of the book you will find the answers to the exercises and an appendix giving the conjugation of regular and irregular verbs. It is assumed that at this level of language learning you will own an Italian-English dictionary for reference.

HOW TO USE THE COURSE

You will probably need to spend about 10 hours on each lesson. We advise you to work through each lesson bit by bit, concentrating in turn on each conversation, text or grammar section and its associated exercises; then, when you reach the end of the lesson, go through it all once more for revision.

The book and the CDs are designed to work together, so that you improve your Italian in every way – through reading, writing, speaking and listening. It must be emphasised that the CDs are not meant to be used on their own. You can't expect to make much progress if you just sit back and listen. As well as listening to a conversation or text on the CD, you should be sure to read it in the book and study the word lists and notes that follow. Similarly, exercises that are given on the CDs for oral practice are best also done in writing. There is a lot of material in the book that you will not find on the CDs, including all the explanations of grammar and language points and many of the exercises. Be sure to work through these as thoroughly as you do the recorded material.

Where material appears both in the book and on the CDs, the order in which you approach the material is partly a matter of personal taste – of finding what works best for you. For example, some people will be happy to meet an exercise for the first time in the recording, while others may prefer to read the questions and work out the answers before attempting the exercise orally. But you should certainly at least try listening to each conversation without having first read the text of the dialogue in the book. This will give you invaluable practice in understanding spoken Italian.

To make best use of the CDs, it is important that you speak out loud when asked to answer a question or carry out a language exercise. Saying the words under your breath may be less embarrassing but it will not help your pronunciation to the same degree. Always remember the importance of repetition – there really is no limit to the number of times you can usefully repeat listening to material or carrying out oral exercises.

You will find in the *Hugo Advanced Italian* course passages in a wide range of styles from a variety of authors. The hope is that you will be encouraged to read more of the authors or journalists that appeal most. If you are looking to improve your vocabulary and even more important, if you want to find out how everyday Italian is used, you will find examples in each chapter both in the conversations and in the text passages.

MORE ABOUT THE EXERCISES

There are a wide variety of exercises in this course. Most of them, such as the gap-filling exercises, are clear-cut with only one possible correct answer. However, in keeping with the more advanced level of work in this course, there are also many exercises which are 'open' – where there is no one right answer. These include the comprehension exercises, in which you are asked questions about a text or conversation, and translation exercises. Although we give one possible correct answer or translation in the key to the exercises – and, where appropriate, on the CD – it is obvious that you could come up with different versions that are perfectly acceptable. You must be the judge of whether your version was correct.

Lesson 1

*The themes of this lesson are travel and transport –
'viaggi e trasporti'. The lesson includes texts and
conversations about:*
- *air travel*
- *holidaying in the mountains*
- *the city of Vicenza*

You will learn:
- *familiarity with formal written Italian as well as more
  informal everyday language*
- *useful vocabulary connected with different means of
  transport*
- *ways of describing places and people*
- *ways of talking about past events*

The language points include:
- *sequence of tenses in the past: imperfect, perfect and
  pluperfect tenses*
- *revision of the present and present historic*

CONVERSATION

In aereo

Susanna and Massimo are flying back to Verona after their
holiday in Sicily.

SUSANNA Mamma mia! Cos'è successo?

MASSIMO Ma sei proprio una fifona, sai, è solo un vuoto
d'aria.

SUSANNA Certo che ho paura, gli aerei sono pericolosi.

MASSIMO Non è mica vero. Comunque, guarda fuori dal
finestrino, stiamo sorvolando il Mar Tirreno, riesci a
veder le isole?

SUSANNA Sì, c'è un cielo limpidissimo e mi pare di veder
l'Isola d'Elba. A che ora pensi che atterreremo?

MASSIMO Tra due ore al massimo. Secondo l'orario
dovremmo essere a Verona alle quindici e dieci.

A proposito, Carlino aveva promesso di venire a prenderci all'aeroporto con la mia macchina, speriamo che non sia in ritardo.

SUSANNA   Io ti conosco, tu non sei preoccupato per il ritardo, hai paura che tuo figlio ti abbia fracassato la macchina, di' la verità.

MASSIMO   Beh, devi ammettere che c'è poco da fidarsi; guida come un pazzo...

SUSANNA   Solo perchè ti ha rovinato un po' il paraurti un anno fa, quando aveva appena preso la patente, adesso tu sei convinto che lui sia un incosciente.

MASSIMO   Capirai! Non era solo la questione del parafango, anche la portiera era tutta sgangherata. Ma adesso non voglio pensarci, tanto più che una volta arrivati la macchina la guido io, specialmente se prendiamo l'autostrada.

NEW WORDS

è successo	it happened
fifona	coward [*colloquial*]
vuoto d'aria	air pocket
mica	not in the least
sorvolando	flying over
atterreremo	we'll land
a proposito	by the way
fracassato	smashed
fidarsi	to trust
guida	drives
pazzo	madman
paraurti	bumper
patente	driving licence
incosciente	irresponsible
capirai!	of course you must understand...
portiera	car door
sgangherata	unhinged/loose
autostrada	motorway

Exercise 1

Read or listen a few times to the conversation above, check that you are familiar with the vocabulary, then answer these questions:

1 Perchè Massimo dice che Susanna è una fifona?
2 A che ora atterrerà il loro aereo?
3 Chi li aspetterà all'aeroporto?
4 Perchè è preoccupato Massimo?
5 Che danni aveva fatto Carlino alla macchina del padre?
6 Chi guiderà sull'autostrada?

Exercise 2

Put the following sentences in the right order and you will have a summary of the conversation:

1 Carlino ha già avuto qualche incidente d'auto.
2 Perciò Massimo ha deciso di guidare lui dall'aeroporto.
3 Massimo la prende un po' in giro, ma anche lui è preoccupato.
4 Stanno sorvolando il Mar Tirreno e si vedono bene le isole.
5 È una bella giornata e il cielo è limpidissimo.
6 Carlino aveva promesso di andare a prenderli all'aeroporto con la macchina del padre.
7 Ma Susanna ha lo stesso paura dei vuoti d'aria.
8 Massimo e Susanna stanno tornando a Verona in aereo.

TEXT 1

Lessico familiare

This passage is taken from *Lessico familiare*, written by the novelist Natalia Ginzburg in 1963. Her childhood memories are dominated by the figure of her father, as we can see here when she describes their summer holidays in the mountains:

Passavamo sempre l'estate in montagna. Prendevamo una casa in affitto, tre mesi, da luglio a settembre. Di solito eran case lontane dall'abitato; e mio padre e i miei fratelli andavano ogni giorno, col sacco da montagna sulle spalle, a far la spesa in paese. Non c'era sorta di divertimenti o di distrazioni. Passavamo la sera in casa, attorno alla tavola, noi fratelli e mia madre. Quanto a mio padre, se ne stava a leggere nella parte opposta della casa e di tanto in tanto, s'affacciava alla stanza, dove eravamo raccolti a chiacchierare e a giocare. S'affacciava sospettoso, accigliato e si lamentava con mia madre che non riusciva a trovare certi suoi libri che qualcun altro aveva messo in disordine.

NEW WORDS

lessico familiare	lit. 'family dictionary' – family sayings
lontane dall'abitato	far from the village
sacco da montagna	rucksack
sorta	any kind/type
s'affacciava	he appeared
accigliato	glowering, frowning either to indicate worry or indignation

1

NOTES

1 **passavamo ... prendevamo ... stava ... s'affacciava ...**
Note the use of the imperfect tense throughout Text 1 to indicate that all the activities described happened regularly every summer. For more on the imperfect tense see also Section 1 opposite.

2 **passavamo:** we spent
The verb **passare** has many different meanings, some similar, some different from English:
Non ha passato l'esame di guida
He didn't pass his driving test.
Mi passi il sale per favore?
Could you please pass me the salt?
L'autostrada passa da Bergamo.
The motorway goes through Bergamo.
Passo sempre davanti a casa sua.
I always go past her house.
Passo sempre Natale dai miei.
I always spend Christmas with my family.
But note also:
Hai passato l'aspirapolvere?
Did you use the vacuum cleaner?
Fate passare la verdura.
Strain the vegetables
Sono passata in ufficio da Maria.
I stopped at Maria's office.

3 **affitto** rent
In Italian **affittare** means 'to let' and not 'to rent'. Very often, though, in spoken Italian people use it with both meanings. But when it is important to distinguish between letting and renting you would need to say:
prendere in affitto   to rent
affittare/dare in affitto to let

Exercise 3

Read or listen to Text 1 a few times, then answer these questions:

1 Dove andava in vacanza Natalia Ginzburg?
2 Ci andava d'inverno?
3 Chi andava a fare la spesa ?
4 Che cosa facevano la sera la madre e i figli?
5 E il padre stava con loro?

Exercise 4

Now, using your dictionary, complete the following list with the correct equivalent in Italian or English. We've done the first one for you.

1 prendere in affitto   to rent
2 dare in affitto   ....
3 affittuario   ....
4 canone d'affitto   ....
5 ....   lease

1 PAST TENSES

If you want to revise the endings for the perfect and imperfect tenses go to the Appendix (pages 220–221), where you will find complete conjugations of regular verbs.

1 Uses of the imperfect tense

The imperfect tense is used:
a) with repeated past action or habit – when in English you could say 'used to':

passavamo l'estate... we used to spend the summer...
si lamentava... he used to complain...

b) to describe something or somebody in the past:
Non c'era sorta di divertimenti. There were no amusements. [There was nothing to do.]
Era una padrone di casa ideale. She was an ideal landlady.

c) for something which happened in the past and went on for an <u>indefinite</u> period of time:
Non riusciva a trovare... He could not find...

d) to describe a continuous action – when in English you would use the past continuous:
Mangiavo quando hai telefonato.
I was eating when you phoned.

e) with **da** + expression of time:
Lavoravo a Milano da tre anni.
I had been working in Milan for 3 years.

2 The perfect tense (**passato prossimo**)

This tense is formed by the auxiliary verbs **avere** or **essere** + past participle. **Essere** is used with reflexive, impersonal and most intransitive verbs. The participle acts like an adjective and agrees (in gender and number) with the subject. **Avere** is used with all other verbs.

See also *Hugo Italian in Three Months*, p.59.

3 Use of **passato prossimo**

The **passato prossimo** is used to report a completed action or event which happened in the past:

ho mangiato   I ate, I have eaten, I have been eating
sono venuto   I came, have come, have been coming

Examples:
Ieri le ragazze hanno preso l'autobus e poi sono andate in ufficio.
Yesterday the girls took the bus and then went to the office.

Gino è caduto quando l'autobus si è fermato all'improvviso.
Gino fell when the bus suddenly stopped.

4 Pluperfect (**trapassato prossimo**)

This tense is used in the same way as the English pluperfect and is formed by the imperfect tense of **essere** and **avere** + past participle :
avevo mangiato I had eaten
ero venuto I had come

Quando siamo arrivati alla stazione il treno era già partito.
When we got to the station the train had already left.

Exercise 5

Complete these sentences with the correct form of the imperfect tense using the verbs given in brackets:

1 [Essere] le nove di mattina e [fare] già molto caldo.
2 Tutti [volere] vedere la nuova moto Guzzi.
3 Ogni estate noi [andare] in villeggiatura sul lago di Garda.
4 Da bambina tu non [avere] paura dell'acqua.
5 Un tempo io [uscire] tutti i giorni.
6 Quando Anna [studiare] all'università voi la [conoscere] bene?
7 Tutta la famiglia [venire] sempre a trovarci in campagna.
8 A Londra [piovere] sempre!
9 D'estate noi [prendere] sempre in affitto una casa al mare.
10 Ogni mattina loro [camminare] per i boschi a cercar funghi.

Exercise 6

Put these sentences into the past. One verb will be in the perfect tense, the other in the imperfect:

1 Vado a Roma e il Museo del Vaticano è chiuso.
2 Maria ha mal di stomaco e prende una pastiglia.
3 Arrivano in ritardo perchè non sanno la strada.
4 I ragazzi non telefonano perchè non hanno gettoni.
5 Che cosa succede mentre stai alla spiaggia?
6 Mario non viene perchè non sa l'indirizzo.
7 Camilla legge il giornale quando entra il direttore.
8 Non ti aspetto perchè ho fretta.
9 Arturo beve una cedrata perchè ha sete.
10 Non guardo quel film perchè è doppiato.

Exercise 7

The following story is told by *un pazzo in Ferrari* – a crazy Ferrari driver. Put it into the past tense, using the perfect and imperfect tenses where appropriate:

'Il mio compagno di camera <u>dorme</u> ancora e <u>russa</u> come un camion in salita. <u>Esco</u> silenziosamente di casa e <u>salgo</u> sulla mia Ferrari che <u>sta</u>, come sempre, al solito parcheggio, <u>innesto</u> la marcia e <u>parto</u> come un pazzo. Subito <u>mi accorgo</u> che dietro a me <u>c'è</u> una macchina. Ogni volta che <u>accelero</u> e anche la macchina <u>accelera</u>. <u>È</u> una Cadillac nera 1960. <u>Guardo</u> bene nello specchietto retrovisivo. La <u>guida</u> un tizio grosso che <u>ha</u> una cicatrice sulla guancia destra. E <u>vedo</u> che la sua giacca <u>ha</u> un rigonfiamento. Mi <u>infilo</u> in una strada deserta, <u>freno</u> di colpo e poi <u>salto</u> giù.'

TEXT 2

Viaggio in Italia – Vicenza

Unlike Natalia Ginzburg's deliberately simple, unfussy
language, Guido Piovene's style in his *Viaggio in Italia*,
published a few years before the *Lessico*, is more
traditionally literary, more poetic. Reading this description
of Vicenza, note how Piovene uses the various tenses of
the verbs.

È curioso per me arrivare a Vicenza in veste di viaggiatore e
diarista. Vi sono nato; vi ho trascorso l'infanzia e le dovrò
forse la parte migliore della mia opera. Appena entro nella
città mi riprende la meraviglia.

Il Rinascimento italiano, specie quello più tardo, quando
l'architettura obbediva soltanto alla fantasia ed al piacere, ha
qualche cosa di chimerico. Ma in nessun luogo, credo, come
a Vicenza.

Gli archi e i colonnati sorsero senza nessun altro motivo
che la compiacenza estetica, le fantasie lunatiche della
cultura, l'orgoglio signorile. In Inghilterra, in America a
Charlottesville, dovunque ho trovato i riflessi di questa
geniale follia. Scarsa di motivi pratici, e funzionali come
dicono oggi, segnò la storia dell'architettura mondiale.

Perciò conoscere Palladio attraverso gli studi è una
conoscenza imperfetta. Bisogna vederlo a Vicenza. Una piccola
Roma, un'invenzione scenografica, sorge in un angolo del
Veneto, in vista dei monti, dalla cultura evaporante in capriccio
e dalla vanità patrizia di un gruppo di signori di media potenza e
di scarso peso politico. Sono vanitosi e Palladio accontentandoli
concentra il suo genio sulle facciate e sul piano nobile;
particolari pratici, come le scale, sono talvolta trascurati o di
qualità comune. Nasce una città in bianco e nero, con le tinte di
un'acquaforte, in un paese dalle luci morbide, rosee, in cui l'aria
sembra portare un colore disciolto. L'incanto di Vicenza è nel
contrappunto tra la sua esaltazione neoclassica e il colore veneto
semiorientale, che la compenetra dovunque. Non senza un
pizzico di rusticità come si deve trovare in una terra così
prossima ai monti e in una società pomposa ma di fondo avaro.

NEW WORDS

in veste di	in the guise of
trascorso	spent
tardo	late
chimerico	fantastic, illusory
sorsero	emerged
compiacenza	pleasure
signorile	lordly, elegant
segnò	signalled
un'invenzione scenografica	a spectacular invention
sorge	emerges
evaporante in capriccio	turning into/fading into caprice
piano nobile	first floor [of a palace]
trascurati	neglected
acquaforte	etching
morbide	soft
disciolto	melting
compenetra	permeates/pervades
pizzico di rusticità	a certain country flavour
prossima	close
di fondo avaro	with a mean streak, basically mean

NOTES

1 **vi** there
   Vi is often used instead of **ci** in written Italian.
2 **sono vanitosi ... sono nato ... sorsero ... segnò ...**
   Note the use of different tenses:
   Present historic – **presente storico**
   The present tense is used in most of this passage, even when referring to something which obviously happened in the past: for example, **sono vanitosi**, referring to the rich owners of the 16th century. This use of the **presente storico** is in fact much more common in Italian than it is in English and you will find it in other parts of this book.
   Past tenses – **passato prossimo, passato remoto**
   Both perfect and simple past are used by Piovene.

They are translated by the simple past in English. In Italian they are used as follows:

passato prossimo (see Section 1, pages 13–15) to describe something which happened in the past but which has explicit links with the present:

sono nato, ho trascorso: I was born, I spent

passato remoto (see Section 16, page 128) to describe, almost exclusively in writing, something, like the Italian Renaissance, which is totally separate from the present:

sorsero, segnò: they emerged, it marked

Exercise 8

Answer these questions after reading Text 2 carefully and checking both the Notes and New Words:

1 Di dov'è Guido Piovene?

2 Perchè l'autore definisce 'chimerica' l'architettura rinascimentale di Vicenza?

3 In quali altri paesi ha notato l'influenza del Palladio?

4 Perchè secondo Piovene non bisogna studiare le ville palladiane solo sui libri?

5 Come sono descritti i signori patrizi per cui Palladio aveva creato questa 'invenzione scenografica'?

6 I particolari pratici sono importanti nelle ville palladiane?

7 Che cosa contribuisce alla 'rusticità' di queste ville?

Exercise 9

In this passage, adapted from a detective story, the protagonist tells us what happened to him a certain tragic day in June. Put the whole passage into the past tense using the imperfect (**imperfetto**), and present perfect (**passato prossimo**):

Quel martedì di giugno <u>comincio</u> la giornata svegliandomi al buio. <u>Prendo</u> la sveglia dal comodino:

non sono ancora le nove, vedo con stupore, per me
che di solito dormo fino alle dieci e oltre, è un chiaro
sintomo di apprensione.

Mia madre, sentendomi muovere, va automaticamente a prepararmi il caffè, e io, dopo un bagno di
cui ho bisogno da tempo, indugio a radermi con
meticolosa attenzione. Ci sono ancora quattro ore da
far passare. Bevo il caffè e poi mi avvio lentamente
verso la fermata del tram. Salgo sul tram dalla parte
anteriore perche ho la tessera da invalido e, quando
scendo, noto che l'orologio in Piazza Statuto è guasto:
le lancette non si muovono dalle 15 e 20.

L'importante, penso, è di aver pazienza, tutto finisce
per cascarti in bocca, se sai aspettare. *Self-control*, la
grande regola degli inglesi: bisogna sapersi contenere!

Exercise 10

After reading the following short article on *Storia e
Motori*, from the magazine *Gente*, answer the
questions that follow:

Aperto a Ora, vicino a Bolzano, il museo Bugatti

Nella vecchia fabbrica dove una volta si
producevano le mitiche vetture, oggi si possono
vedere fotografie d'epoca e alcune fra le più famose
auto progettate dal famoso Ettore Bugatti. Da
ammirare anche i mobili Liberty intarsiati e decorati
da suo padre Carlo, celebre ebanista.

1 Perchè il museo è a Ora?
2 Che cosa vuol dire 'vettura'?
3 Perchè è rimasto famoso il grande Ettore?
4 Che lavoro faceva il padre Carlo?
5 Che cosa si può vedere al museo Bugatti?
6 Ora è nell'Italia meridionale?

After reading or listening to this advertisement, taken from an Alitalia in-flight magazine, try to answer the questions orally and then re-read the text and write down the answers.

GRIMALDI GROUP

Nel Mediterraneo solo noi possiamo ospitarvi a bordo di traghetti lussuosi come navi da crociera ed organizzare crociere che fanno trascorrere una meravigliosa vacanza anche alla vostra auto. Il motivo è semplice: solo noi disponiamo della **SPLENDID** e della **MAJESTIC**, modernissimi cruise-ferries che partono da Genova e raggiungono la **SICILIA**, la **SARDEGNA**, la **TUNISIA** e **MALTA**.

Solo noi possiamo promettervi 323 cabine, tutte con servizi privati. Solo noi possiamo ingolosirvi con il ristorante alla carta e la cafeteria, o stuzzicarvi con cinque bar e un pianobar. Solo noi possiamo movimentare il viaggio con la discoteca, la piscina e il centro fitness, e contemporaneamente far rilassare oltre 800 auto. Solo noi possiamo annunciarvi fin d'ora che l'anno prossimo prenderà il mare la terza nave gemella **FANTASTIC**. Ma naturalmente, solo voi potete godervi tutto ciò che vi abbiamo descritto.
È per questo che vi aspettiamo.

Grandi Navi Veloci S.p.A. 162121 Genova Via Fieschi, 17 – Telefono 010/589331 – Fax 5509225.

GRIMALDI GROUP
GRANDI NAVI VELOCI
TUTTO, FUORCHÈ TRAGHETTI

1 Da dove partono le Grandi Navi Veloci?
2 Che cosa rende questi traghetti lussuosi come navi da crociera?
3 Quante automobili possono trasportare questi traghetti?

4 Quando prenderà il mare la Fantastic?

5 Si può anche andare all'estero con queste navi?

6 Come interpretate la frase: 'Tutto, fuorchè traghetti', scritta in fondo alla pagina?

Exercise 12

Listen to or read carefully this article taken from an Italian newspaper and then answer the questions below.

Le gondole motorizzate

Ci sono troppe onde in laguna e remare è impossibile e pericoloso.

Per dire basta al moto ondoso i gondolieri hanno deciso di mandare in cantiere quattro 'barchette', un tipo di gondola un po' più tozza di quella normale, per ricavare a poppa lo spazio dove sistemare un piccolo motore. La decisione che, per il momento sembra avere soprattutto un valore simbolico, è stata presa dall'assemblea dei 'bancali', che rappresentano i circa 400 gondolieri ancora attivi.

È l'ultimo segno di una lotta intrapresa da anni contro il moto ondoso, un gesto che, se portato alle estreme conseguenze, potrebbe determinare una rivoluzione nella stessa forma delle gondole.

Oltre tutto i gondolieri sostengono che il moto ondoso ha un effetto corrosivo sulle fondamenta dei palazzi.

Ma i 'bancali' vogliono protestare contro il Comune. Sostengono che non si è fatto abbastanza per limitare l'uso delle imbarcazioni a motore, la causa principale del moto ondoso che rende quasi impossibile vogare in piedi sulle gondole.

1 Perchè i gondolieri vogliono cominciare a usare le gondole a motore?

2 Quante gondole hanno intenzione di 'trasformare'?

3 Quanti gondolieri ci sono a Venezia?

4 Contro chi vogliono protestare i 'bancali'?

5 Il moto ondoso è pericoloso solo per i gondolieri?

Exercise 13

By way of revision, translate these sentences into Italian using expressions and grammar you have learned in this lesson:

1 When I was young I used to spend my holidays in the mountains.

2 Yesterday we had an accident on the motorway and we had to replace the car door.

3 When I went to Vicenza last year I saw many Palladian villas.

4 We had bought a lovely flat by the beach in Diano Marina, but last summer we let it because we were too busy to go.

5 That old gentleman had fallen off the bus and hurt his knee.

Lesson 2

The theme of this lesson is work – 'il lavoro'. The lesson includes texts and conversations about:
- starting work
- workers' rights and trade unions
- a 'career man' (a satirical piece)
- selecting candidates for a job

You will learn how to:
- write a CV
- employ formal language as well as the more colloquial language used in the workplace
- make suggestions/ask politely
- agree to something
- give and seek information

The language points include:
- uses of future tenses
- uses of conditional tenses
- relative pronouns: 'chi', 'ciò che', 'quanti'

TEXT 1

La prima settimana di lavoro

The following passage is taken from the novel *Tre operai* (Three Workers) written by Carlo Bernari between 1930 and 1932 and suppressed by the Fascist regime because it described the lives of three alienated workers rejected by the society in which they lived. In this first chapter we follow Teodoro Barrin during his first week at the laundry where his father is the foreman.

'Ora ti mostro la fabbrica, così domani ti saprai regolare' ha detto stamattina Luigi Barrin al figlio Teodoro che ha fatto assumere nella lavanderia dov'è capo operaio. [...] Il lunedì Teodoro è già operaio apprendista nella lavanderia. Gli operai più anziani lo squadrano, se lo mangiano di occhiate. Che vogliono sapere da lui? Vogliono sapere se è un crumiro. [...]

Il martedì, appena al secondo giorno, Teodoro è già stanco del lavoro. Vede per la prima volta i suoi principali, tornati appena da un lungo viaggio; e i suoi principali non si scomodano neppure a guardarlo troppo: un'occhiata furba, e via, insieme col padre. Che diranno di me? Forse si metteranno d'accordo sulla paga; e Teodoro, mentre aspira gli effluvi di vapore che si sollevano da una vasca, pensa al paio di scarpe nuove che potrà comprarsi dopo due settimane di lavoro. In tutta la giornata non ha pensato che alle scarpe nuove da mettere la domenica ...

Il giovedì si lavora ininterrottamente per approntare la biancheria di due navi inglesi che partono la sera. Quando Teodoro esce dalla lavanderia è stanco ... sabato prenderà la paga e con la paga comprerà molte cose; forse un paio di scarpe, e gli occorrerebbero anche delle mutande, e possibilmente un paio di calze di filo. Si sente felice per le cose nuove che indosserà domenica; 'se mi sarà possibile, comprerò anche una cravatta'. E pensa Teodoro, con gli occhi chiusi, pensa alle cose nuove che avrà indosso domenica, quando sarà accanto ad Anna.

Il venerdì Teodoro esce in compagnia di Marco De Martini. Questo Marco gli diventa sempre più simpatico; lo trova intelligente e vivace. Marco dice, ad esempio, che pare impossibile, eppure non esiste un sindacato dei lavandai. È giusto, pensa Teodoro, ma non sa rendersi conto a che cosa serva un sindacato.

Il sabato Teodoro prende la paga ed esce con Anna. Una vera delusione quei pochi soldi che gli hanno dato! Che scarpe! Forse non riuscirà neppure a fare una gita con la ragazza, domani. 'Ma facciamo così, propone Anna, io preparo la colazione per tutti e due, e la gita ci costerà meno'. Teodoro accetta a malincuore. Vorrebbe far tutto lui!

2

NEW WORDS

ti saprai regolare	you'll know what to do
lavanderia	laundry
capo operaio	foreman
crumiro	black leg
principali	bosses
mettersi d'accordo	to agree
effluvi	fumes
si sollevano	they rise
vasca	tub
approntare	to prepare
biancheria	linen
mutande	underpants
calze di filo	fine cotton socks
sindacato	trade union
lavandai	laundry-men
delusione	disappointment
a malincuore	unwillingly

NOTES

1 Note how the future tense is used in this passage:
   che diranno di me?
   si metteranno d'accordo
   se mi sarà possibile, comprerò
   In all these sentences the future tense is used to
   emphasize that Teodoro's hopes may or may not be
   fulfilled. When, on the other hand, the author
   describes future actions or events which will definitely
   happen, then he uses the present tense as in:
   Ora ti mostro ...   I'll now show you ...
   Le navi inglesi che partono la sera.
   The English ships that will be sailing in the evening.
   You will find more on the use of the future and
   present tenses in Section 2, pages 28–29.

2 **Il lunedì, il martedì ...** Every Monday, Tuesday ...
   The article **il** is used before days of the week to
   indicate that something happens regularly on such
   days:

Il sabato non si lavora. We don't work Saturdays.

3   **non ha pensato che alle scarpe:** he could only think of the shoes.

Non ... (altro) che, 'nothing but', is often used in Italian.

Other examples are:

Non ha fatto altro che piangere. He did nothing but cry.

Non mangio altro che frutta. I eat nothing but fruit.

4   **Vorrebbe far tutto lui!**

Lui is used after the verb for emphasis.

Other examples:

Lo mangio io. I'll eat it myself.

Ci va lei. She is going (herself).

5   **lo squadrano, se lo mangiano di occhiate**

Both verbs describe the intense curiosity of the other workers who stare at Teodoro. The present historic is used, as we saw in Lesson 1, instead of the past simple.

6   **gli occorrerebbero:** he would need

occorrere is an impersonal verb (like **piacere**). Note that Italian impersonal verbs are normally used in the third person singular, as in English, but, as in this case, they require the third person plural when followed by a plural:

Occorre/bisogna pensarci. We need to think about it.

Ci occorrono operai. We need workers.

7   **indosserà/avrà indosso:** he will wear

Other Italian verbs for 'to wear' are: **mettersi**, **mettere**, **infilarsi**:

Ho indossato il cappotto, mi sono infilata i guanti, mi sono messa le scarpe ma non ho messo il cappello.

I put on my coat, my gloves and my shoes but I did not wear a hat.

Exercise 14

After reading or listening to Text 1, complete these sentences selecting from the text the expressions that describe why Teodoro is unhappy at the laundry:

1 Gli operai più anziani ... squadrano e se lo mangiano di ...

2 I principali ... da un lungo viaggio, non ... neppure a guardarlo troppo.

3 Appena al secondo giorno, ...

4 Il giovedì lavora ... per ... la ... di due navi inglesi.

5 Quei pochi soldi della paga sono ...!

And now describe Teodoro's dreams:

6 Sabato ...

7 Con la paga Teodoro sogna che si comprerà ....

8 Accetta che Anna prepari ... perchè così la gita ....

2 USES OF FUTURE AND FUTURE PERFECT

You will find future and future perfect tenses of regular and some irregular verbs in the appendix at the end of this book and also in *Hugo Italian in Three Months*, pp.192–194.

As we have seen in Text 1, the future tenses are used not only to express an action that will take place in the future but also:

1 To convey uncertainty or probability, to express conjecture or a deduction. The **futuro semplice** expresses probability in the present and the **futuro anteriore** expresses probability in the past:
Sarà facile, ma io non lo capisco.
It may be easy, but I don't understand it.
Che cosa sarà successo?
What could have happened?

2 After **appena**, **non appena**, **finchè** and **se** if the main verb in such sentences is in the future tense:

Se troverò lavoro, verrò anch'io a Londra.
If I find a job, I'll come to London.
Appena avremo preso una decisione, Le faremo sapere il risultato.
We'll let you know as soon as we have decided.
La fattura non sarà saldata finchè non ci avrete mandato la merce.
The bill is not going to be paid until you send us the goods.

But:

3 If the action described is happening in the very near future or if you want to emphasise that it will definitely happen you use the present tense. Often this corresponds to the present continuous in English:

Allora vieni? Are you coming then?
Il treno arriva alle nove. The train is arriving at nine.
Ci vediamo domani. We are meeting tomorrow.

Exercise 15

You are being asked a lot of questions and you are not sure of the answers so you reply, as in the examples, by using the future tense:

Sono inglesi? [Ma!...] → Ma!, saranno inglesi.
Hanno mangiato? [Che ne so io...] → Che ne so io, avranno mangiato.

1 Hanno pensato alla nostra offerta?
   [Che ne so io, ci ...]
2 Vuole dire di no? [Forse ...]
3 Allora, fanno sciopero i sindacati? [Ma!, ...]
4 Ci mette un'ora? [Non so se ...]
5 Non hanno letto la relazione? [Ma!, ...]

2

L'Italia e i lavoratori

This summary of the Italian world of work is adapted from *La guida per chi lavora*, published by the CGIL trade union:

1 **Costituzione della Repubblica italiana**
   I diritti del cittadino italiano sono decretati dalla stessa costituzione italiana:
   Articolo 1 L'Italia è una Repubblica basata sul lavoro.
   Articolo 35 La Repubblica tutela il lavoro in tutte le sue forme e applicazioni.
   Articolo 36 Il lavoratore ha diritto al riposo settimanale e a ferie annuali retribuite e non può rinunciarvi.
   Articolo 40 Il diritto allo sciopero si esercita nell'ambito delle leggi che lo regolano.

2 **Lo statuto dei lavoratori**
   Dal 1970 in poi lo statuto dei lavoratori è diventato legge. Questo statuto ha aperto una nuova fase nei rapporti sindacali poichè legittima la presenza dei sindacati, li riconosce e li sostiene.

3 **I sindacati**
   I sindacati hanno la funzione di proteggere i diritti dei lavoratori. I tre più importanti sono:
   la CGIL: Confederazione Generale Italiana del Lavoro. La più numerosa, di sinistra.
   la CISL Confederazione Italiana dei Sindacati del Lavoro. Socialista di centro sinistra.
   l'UIL Unione Italiana Lavoratori. Il sindacato cattolico, di centro.

4 Esistono anche i sindacati 'autonomi' (che operano solo o quasi esclusivamente in una zona o settore) e la **CISNAL** di estrema destra legata al partito neofascista.

5 Il contratto collettivo nazionale di lavoro CCNL

Questo è il contratto negoziato dai sindacati, di solito è valido per tre anni e fissa l'orario, l'ambiente di lavoro, la paga ecc. Questi contratti collettivi (per esempio per i ferrovieri o gli insegnanti ecc) sono applicati non solo agli iscritti ai sindacati ma a tutti i lavoratori di quella categoria.

2

6 Lo sciopero

Ce ne sono vari tipi:

a sorpresa quando non viene annunciato al datore di lavoro

a singhiozzo per esempio un'ora ogni 4

a scacchiera quando i vari reparti in una stabilimento scioperano chi in un momento chi in un altro

bianco quando il lavoro viene fatto applicando minuziosamente tutte le regole

7 Licenziamento

Date tutte queste leggi è facile capire che anche il licenziamento può avvenire solo se il lavoratore ha commesso qualche mancanza (le varie categorie sono scritte nel CCNL) ed è quindi proibito licenziare qualcuno per motivi politici, di matrimonio (per un anno dopo il matrimonio) o di gravidanza (finchè il figlio ha un anno). Inoltre il licenziamento deve essere comunicato per iscritto e il lavoratore deve ricevere il motivo entro cinque giorni dalla sua richiesta.

Exercise 16

After reading Text 2 on the Italian world of work, say whether these statements about the text are true or false, **vero o falso**:

1 La costituzione italiana protegge i diritti dei lavoratori.
2 La CGIL è un sindacato di destra.
3 Il contratto nazionale di lavoro è valido solo per gli iscritti ai sindacati.
4 Durante lo sciopero bianco si lavora seguendo le regole.
5 E probito licenziare qualcuno entro un anno dalla nascita di un figlio.
6 Lo sciopero è a singhiozzo quando il datore di lavoro non è stato informato.

Exercise 17

Can you give the English translation of the occupations listed below.

1 Sarta/o
2 Meccanico
3 Pompiere
4 Falegname
5 Corriere
6 Muratore
7 Parrucchiere/a
8 Giardiniere/a
9 Macellaio/a
10 Calzolaio/a
11 Idraulico/a
12 Addetto/a alle pulizie

Exercise 18

Now try to match each worker from Exercise 17 with the appropriate task from the list given below, and form a sentence saying what the worker does. We'll do the first one for you as an example:

Recapitare i pacchi a domicilio. Il corriere. →
Il corriere recapita i pacchi a domicilio.

1 Recapitare i pacchi a domicilio.
2 Lavare e lucidare i pavimenti.
3 Costruire un nuovo garage.
4 Fabbricare e riparare mobili
5 Tagliare e cucire vestiti da donna.
6 Cambiare l'olio e controllare i freni.
7 Pesare le bistecche di manzo.
8 Lavare e tagliare i capelli.
9 Spegnere l'incendio.
10 Aggiustare il rubinetto del bagno.
11 Innaffiare il giardino.
12 Suolare e mettere i tacchi alle scarpe.

Exercise 19

Put all the answers to Exercise 18 into the future tense. For example:

Il corriere recapita i pacchi a domicilio. →
Il corriere recapiterà i pacchi a domicilio.

CONVERSATION 1

Manager si diventa

2

This conversation between Luca Perrella and Granelli, two IBM employees who meet at the firm's head office and discuss their respective careers from totally different points of view, is a gentle satire on the business world, taken from *Zio Cardellino* by Luciano de Crescenzo, author, film director and scriptwriter. De Crescenzo's style is informal and his humour relies on deceptively plain, colloquial Italian and an effective use of modern slang.

Ma guarda chi si rivede: Granelli, corso vendite della IBM febbraio '61, senese, compagno di camera e di banco. Non era cambiato per niente, anzi aveva pure lo stesso vestito, quello blu scuro col righino bianco. No, questo era impossibile; probabilmente Granelli era uno di quelli che quando vanno in negozio finiscono con lo scegliere sempre lo stesso modello.

GRANELLI   Come va? Benvenuto a Palazzo.

LUCA   Grazie. Ma lo sai che neppure lo sapevo che lavoravi pure tu in sede?

GRANELLI   Io in sede? Caro Perrella, io ci sono nato in questo edificio. Non fo per dire, ma se non fosse per me la pregiata ditta IBM Italia sarebbe già finita a puttane. Ricordati che il sottoscritto guarda, sorveglia, scruta e, senza che nessuno se ne accorga, alla fine decide. Per cui, se nei tuoi desideri c'è anche quello di fare una rapida e brillante carriera, soltanto un consiglio ti posso dare: resta sempre amico del qui presente ingegner Granelli.

Sempre lui il vecchio Granelli. Luca non aveva fatto neanche in tempo a dire buongiorno che già gli si era proposto come protettore ufficiale.

LUCA Ti ringrazio, però, a dir la verità, non è che io abbia tanta voglia di far carriera.

GRANELLI Ohi, ohi, Perrella, e come cominci male! Articolo uno: al Palazzo puoi fare quello che vuoi, puoi lavorare e far finta di lavorare, puoi lisciare la Direzione Generale e la puoi accusare di sfruttamento della classe operaia, una sola cosa ti viene proibita ed è quella di dire a voce alta che non hai intenzione di far carriera.

LUCA Grazie a Dio, non tutti gli uomini sono uguali: ci sono anche quelli che non sono ambiziosi.

GRANELLI Gli uomini IBM lo sono sempre. Ricordati che gli *IBM-men* devono essere alti, magri, vestiti di scuro e pieni di voglia di far carriera. Te devi far carriera, devi diventare più alto, più magro altrimenti si offende la ditta e, soprattutto, non puoi venire in ufficio con scarpe da week-end con le suole di gomma.

LUCA D'accordo, però fai l'ipotesi di uno a cui la carriera non sembri tanto importante: gli altri, gli arrivisti, dovrebbero essere contenti, se non altro perchè hanno un avversario di meno.

GRANELLI Per niente! Il potere piace proprio perchè suscita invidia. Se quelli che stanno sotto la smettono di invidiare, me lo dici che divertimento ci sarebbe ad avere il potere? Le regole vanno rispettate: chi sta sopra deve godere e chi sta sotto deve patire. Te, Perrella, giurami che non dirai più simili bischerate, anzi, ogni tanto ricordati di andare dal tuo capo a lamentarti che non stai facendo carriera.

2

NEW WORDS

vendite	sales
senese	from Siena
pure	even/also
righino bianco	pin-stripe
finiscono con	end by
sede (centrale)	head office
non fo per dire	I'm not boasting
pregiata ditta	esteemed firm
puttane	whores
sottoscritto	undersigned
scruta	searches
per cui	for this reason
far carriera	to get on
articolo uno	item 1
far finta di	to pretend
lisciare	to stroke (lit.), to please (slang)
sfruttamento	exploitation
classe operaia	working class
viene proibita	is forbidden
a voce alta	aloud
d'accordo	agree/quite
arrivisti	careerists
suscita	arouses
la smettono di	they stop
patire	to suffer
bischerate	rubbish (slang)
anzi	on the contrary
ogni tanto	every so often

NOTES

1 **si rivede, si offende**
   The impersonal form with **si**, unlike the English 'one', is commonly used and does not sound patronising or snobbish.

2 **compagno di camera:** room mate
   compagno di banco: school mate, lit. someone who shares a school desk
   Compagno is often translated by 'mate' in

English: **compagno di cella**, cell mate.

3   **Palazzo** and **sede** here have the same meaning, the firm's Head Office, but Granelli uses **palazzo** in an official, somewhat pompous way.

4   **Non fo per dire ... la pregiata ditta ... il sottoscritto ... del qui presente ... articolo uno** These are rather pedantic, official (and normally only written) expressions.

5   **a puttane:** in a mess
An offensive, sexist, but not uncommon expression, here conveying Granelli's brand of **'maschilismo'**, his idea of what a successful manager should sound like; **lisciare** in the next paragraph is used in a similar way.

6   **non è che** This expression is used, particularly in spoken Italian, to make excuses or correct/justify/disagree/apologise politely:
Non è che non voglia venire, ma sono proprio al verde.
It's not because I don't want to come, but I am skint.
Non è che sia razzista, ma certo che impiega solo bianchi.
I am not saying he is racist, but he does employ only whites.

7   **te** Used twice in this conversation instead of **tu**; it is a colloquial, incorrect form, commonly used but still an error on Granelli's part which underlines his pretentiousness.
bischerate: stupid things, another colloquial expression.

8   **scarpe da week-end:** weekend/casual shoes
Note the use of **da** to indicate what the shoes are used for, as in:
carta da lettere, musica da camera, bicchiere da vino
writing paper, chamber music, wine glass

9   **un avversario di meno:** one less rival
Note the use of **di** when meno comes after a noun:
Mi hai dato tremila euro di meno.
You gave me three thousand euro less.

10 chi ... chi: those who
  For more on relative pronouns see also section 3,
  opposite.

2

Exercise 20

After reading or listening to Conversation 1 between
Granelli and Luca, read these statements and say
whether they are true or false, **vero o falso**:

1 Luca ha una gran voglia di far carriera.
2 Luca e Granelli hanno ben poco in comune.
3 Gli uomini della IBM Italia devono essere alti,
   magri e vestiti di scuro.
4 L'ingener Granelli porta le scarpe da week-end.
5 La mancanza di ambizione è il più grave peccato
   degli IBM men.

Exercise 21

To make sure that you remember all the new expressions
you have learnt in Conversation 1, complete this
summary by filling the gaps with the appropriate words:

Secondo l'ingegner Granelli gli *IBM-men* devono essere
alti, ... , vestiti di scuro e pieni di voglia di ... . Invece
Luca pensa che se a uno la carriera non ... tanto
importante: gli altri, gli ... dovrebbero essere contenti,
se non altro perchè hanno un avversario ... .
Grunelli spiega poi che il potere piace proprio perchè
... invidia e se quelli che ... sotto la smettono di
invidiare, che divertimento ci sarebbe ad avere il potere?
Le regole ... rispettate: ... sta sopra deve godere e ...
sta sotto deve .... Anzi Luca dovrebbe ricordarsi di
andare dal ... ... a ... che non sta facendo carriera.

3 RELATIVE PRONOUNS :

1 Chi means 'who?', but also 'he who', 'whoever', 'some ... others'.

In a question **chi** is used as a subject, object, or with a preposition:

Di chi è ?   Whose is it?
Per chi lavori? Who do you work for?
Chi ti conosce? Who knows you?
Chi hai visto?   Who did you see?

Chi + singular verb means 'he (him) who', 'whoever', 'the one(s) who', 'those who', as we have already seen in Conversation 1:
Chi dice così sbaglia. Whoever says this is wrong.

Chi also refers to indefinite persons and is often found in proverbs or generalizations:
Chi s'aiuta il ciel l'aiuta.
God helps those who help themselves.

Chi ... chi is also used with the meaning of 'some ... others':
In ufficio c'era chi lavorava e chi non faceva niente.
In the office some were working and others were doing nothing.

2 Quel che, quello che, ciò che, quanto mean 'that which', 'what':
Fanno quello che vogliono.
They do what they like.

3 Tutto quello/quel/ciò che, quanto mean 'all (that)', 'everything (that)', and refer to things:
Questo è tutto quel che mi ricordo.
This is all I remember.
Facevamo quanto potevamo.
We did all we could.

4 Tutti quelli che, (tutti) quanti mean 'all (that)',
'everyone (that)', and refer to people:
Tutti quelli che lo conoscono gli vogliono bene.
Everyone who knows him likes him.

Exercise 22

Put **chi** instead of the word <u>underlined</u> in the following
sentences and make sure that you change the verb to
the singular where necessary.
Example:

<u>Quelli che</u> hanno perso il lavoro hanno diritto al
sussidio. →
Chi ha perso il lavoro ha diritto al sussidio.

1 Ci sono <u>alcuni che</u> rispettano le regole, <u>altri che</u>
   fanno quel che vogliono.
2 Ride bene <u>colui che</u> ride ultimo.
3 Mi arrabbio con <u>quelli che</u> non dicono la verità.
4 <u>Quelli che</u> lo conoscono lo ammirano molto.
5 Ci sono <u>quelli che</u> lavorano e <u>quelli che</u> non fanno
   niente.

Exercise 23

Complete these sentences using the relative pronouns
quello che/ciò che/quelli che/chi:
1 ... non vuole venire resti a casa!
2 Vorrei ringraziarvi di ... avete fatto per me.
3 Aumentano lo stipendio per ... se lo meritano.
4 Far carriera è ... gli arrivisti desiderano più di tutto.
5 La disoccupazione è dura per ... ha famiglia e per
   ... non riceve contributi.

CONVERSATION 2

In cerca di lavoro

Bersagli Editore, the Milanese publishing firm, are looking for a new English agent and Andrea, the European Sales Manager, discusses the situation with Silvia, the Human Resources Manager (*direttrice del personale*):

ANDREA   Come avrai senz'altro notato le vendite in Europa sono aumentate del 20% e soprattutto in Inghilterra c'è stata una notevole espansione.

SILVIA   Sì, sì, ho letto la tua relazione dopo la Fiera del Libro di Francoforte e sono rimasta colpita dall'aumento delle vendite.

ANDREA   Per questo vorrei metterti al corrente di quello che abbiamo già deciso: abbiamo messo un annuncio su 'Economia oggi' e quasi cento persone hanno risposto.

SILVIA   Hai già fatto una selezione preliminare?

ANDREA   Appunto. Ci sono tre candidati che hanno le qualità di cui abbiamo bisogno.

SILVIA   Me li potresti descrivere brevemente?

ANDREA   Dunque: Carlo Meneghini è laureato in scienze politiche ed è esente dal servizio militare. Ha lavorato per un anno in Belgio e ora lavora come rappresentante della Casa Editrice Cassandra.

SILVIA   Ha una buona conoscenza dell'inglese?

ANDREA   Sì, abbastanza, l'ha studiato a scuola. Poi c'è Mariella Bonaventura. È laureata in economia e commercio, ha un'ottima conoscenza dell'inglese e lavora da sei mesi in Inghilterra. La terza e ultima candidata è la nostra signorina de Franceschi che tu già conosci bene.

SILVIA   Allora propongo di fissare il colloquio al più presto possibile.

ANDREA   Martedì prossimo, 14 novembre?

SILVIA   Martedì purtroppo sarò impegnata, non si potrebbe rimandare fino a mercoledì?

ANDREA   Certo. Allora cominceremo alle dieci, va bene?

SILVIA   D'accordo.

NEW WORDS

vendite	sales
notevole	considerable
relazione	report
aumento	increase
metterti al corrente	to put you in the picture
annuncio	advert
laureato	graduate
casa editrice	publisher's
rimandare	to postpone

NOTES

1 **come avrai notato:** as you have seen
This is one way of pointing something out. Other expressions could be: **come vedi**, **come sai** ...

2 **me li potresti:** could you
This is how you could ask politely for something (in this case information). Note the use of double pronouns + conditional. Another example:
Me lo potresti prestare? Could you lend it me?
The use of two personal pronouns (even when one would be enough) is very common in Italian:
Te li manderei volentieri, ma ... I'd send them [to you], but ...

3 **esente dal servizio militare:** free from [compulsory] military service
In Italy compulsory military service used to last a year (or 18 months of **servizio civile** for conscientious objectors), but it is being phased out.

4 **propongo di:** I suggest
This is one way of suggesting something. Other less formal expressions are: **dire di ...**, **cosa ne diresti di ...**, **e se ...**, **magari** + conditional.

5 **non si potrebbe rimandare?** Couldn't it be postponed?
Again note the use of the conditional which sounds suitably polite. For the use of **si** instead of a passive verb see Section 18, page 137.

6 **d'accordo:** agreed

D'accordo is used a lot to indicate agreement to some arrangement. It is a useful expression to remember: it is both formal and informal and is invariable. Other expressions could be: **certo, per me va bene, benissimo**.

WRITING A CV

Here we will show you how to write a CV – **come scrivere un curriculum vitae**. These are the CVs of the two external applicants for the job mentioned in Conversation 2:

Curriculum vitae 1

COGNOME	Meneghini
NOME	Carlo
DATA DI NASCITA	28.9.1977
LUOGO DI NASCITA	Salice Terme (PV)
STATO CIVILE	Coniugato
OBBLIGO MILITARE	Militesente
DOMICILIO	Via G. Mazzini 27 Voghera (Pavia)
STUDI	Scuola Media Statale Bentegodi – 1988-91
	Istituto Tecnico Lorgna Voghera 1991-96
	Università Cattolica Milano 1996-2003
QUALIFICHE	Diploma di Geometra 1997 40/60*
	Laurea in Scienze Politiche 90/110*

ESPERIENZE DI LAVORO

1998-2000 Geometra Studio Marchi – Voghera

2000-2002 Rappresentante Italcementi – Milano

2002 Rappresentante Casa Editrice Cassandra – Milano

Curriculum vitae 2

COGNOME	Bonaventura
NOME	Mariella
DATA DI NASCITA	12.3.1974
LUOGO DI NASCITA	Godiasco (Piacenza)
STATO CIVILE	Nubile
DOMICILIO	Via Saffi 14
	2500 Milano
STUDI	Scuola Media Agli Angeli, Godiasco (Piacenza) 1985-87
	Liceo Scientifico L. Giordano, Piacenza 1985-90
	Università L. Bocconi, Milano, Economia e Commercio 1990-1995
QUALIFICHE	Diploma di Maturità Scientifica 56/60*
	Laurea in Economia e Commercio 100/110*
ESPERIENZE DI LAVORO	Segretaria – Reparto Vendite Casa Editrice Hoepli 1995-96
	Assistente Reparto Pubblicità – Casa Editrice De Bonis 1996-2002
	Assistente, Reparto Vendite De Bonis UK 2003–

* These are the official grades given in secondary schools (out of 60) and universities (out of 110). To learn more about this system of marking, read *Niente soldi ai somari*, on page 46.

Exercise 24

Imagine that you are the sales manager for Bersagli Editore and have conducted the interviews for the job of English representative with the personnel manager. You are now deciding which of the two leading candidates to choose. Complete the following dialogue answering according to the clues given in English:

2

Dir.   Allora, cosa ne dice, tutti e due i candidati hanno abbastanza esperienza, non Le pare?

You   ....
(Well, up to a point, Miss Bonaventura has experience in publishing, but not as a sales representative. And Meneghini is an experienced rep, but has only been six months in publishing.)

Dir.   D'accordo. Quindi Lei preferirebbe Meneghini?

You   ....
(In terms of experience, yes. But I'm worried about his limited knowledge of English.)

Dir.   Ed è importante ricordare che dobbiamo stabilire nuovi rapporti con la Gran Bretagna e la signorina ha già lavorato lì e per un'altra casa editrice. Quindi conosce il mercato.

You   ....
(Exactly. So, let's look at Miss Bonaventura's positive points: good communication skills, has worked in England, knows about publishing.)

Dir.   Mi pare che abbia già deciso ...

You   ....
(But only if you agree.)

Dir.   Tutto sommato sì. La signorina mi ha fatto un'ottima impressione.

Exercise 25

Now you have to prepare a little formal speech in Italian telling Miss Bonaventura that she has got the job and Mr Meneghini that he has not.

1 Miss Bonaventura, we are pleased to tell you that you have been successful in your application and would like to offer you the job of English representative. There are a few administrative matters for us to sort out, but we should be able to send you a contract by the end of this week. Would you be ready to start at the beginning of next month?

2 Mr Meneghini, we have been very impressed with your application and your experience as a sales representative, but as you know we need to set up a new agency in England and we need to have somebody who can speak good English. So unfortunately we cannot offer you this job, but we wish you luck for the future.

TEXT 3

Niente Soldi ai Somari

Read this short article from *Epoca*, which describes a very interesting initiative from the leader (**presidente**) and deputy-leader (**vicepresidente**) of the Italian Parliament regarding members of staff with clever offspring:

L'idea è partita dal vicepresidente della Camera, ma il presidente ha plaudito: sarà istituito un premio speciale di 1500 euro ai figli dei dipendenti di Montecitorio che si laureano con 110 e lode. Continueranno invece a ricevere 1200 euro quanti si laureano con 110. Mille euro andranno a quelli con la media dal 27 al 30. E i maturi? 1400 euro per i 60/60 e un premio di consolazione di 400 euro per i 40/60 [quaranta sessantesimi]. Per non ricevere un premio bisogna essere proprio somari…

1 **somari:** dunces
A rather old-fashioned term to describe under-achievers – 40/60 is in fact a pass.
2 **è partita:** originated
3 **dipendenti di Montecitorio:** staff working in Parliament
Montecitorio is the name of the Roman palace where the Italian Parliament resides.
4 **110 e lode:** *summa cum laude,* top marks
Equivalent to a 1st-class degree from a British university.
media dal 27 al 30: average marks from 27 to 30 out of 30. Like a grade A in British A levels.
5 **si laureano:** they qualify
Maturi are those who have obtained **diploma di maturità**, that is, those who have passed their Secondary School Certificate.
6 **premio di consolazione:** consolation prize

2

Exercise 26

After reading Text 3, answer these questions:
1 Chi otterrà questi premi dal governo?
2 Quanti soldi riceverà chi si laureerà con la media dal 27 al 30?
3 A chi toccherà il premio di consolazione di 400 euro?
4 Chi riceverà 1500 euro?
5 Secondo l'articolo chi sono i 'somari'?

4 USES OF THE CONDITIONAL AND PAST CONDITIONAL

You will find the regular and some irregular forms of the conditional in the Appendix at the end of this book (pages 220–222) and in *Hugo Italian in Three Months*, pages 94 and 193–196.

2

1 The Italian <u>present conditional</u> corresponds to the English 'would' + verb. It is used in Italian as in English: to express preferences, requests and wishes; and in 'if' clauses (which we will see in Lesson 4 when we study the subjunctive).

But it is also used in Italian when you would not use it in English, to express somebody else's opinion or (often in the press) to describe a rumour:
Il Presidente della Fiat sarebbe pronto a dimettersi.
The President of Fiat is supposedly about to resign.
Una certa famosa attrice avrebbe rifiutato la parte.
A famous actress is said to have refused the part.

2 The <u>past conditional</u> is used in reported speech to express a future action after verbs of knowing, saying, and telling, where English has the present conditional:
Ha scritto che sarebbe venuto in gennaio.
He wrote that he would come in January.
She said that she would go alone.
Ha detto che sarebbe andata da sola.

Exercise 27

Imagine that you are reporting back to your colleagues what was decided at a meeting you attended. Remember to change the verbs from future to conditional tenses. For example:

Le azioni non <u>saliranno</u> di prezzo? →
Il comitato ha deciso che le azioni non <u>sarebbero salite</u> di prezzo.

1 <u>Apriranno</u> una nuova filiale? Il comitato ha deciso che…
2 Le trattative <u>finiranno</u> entro aprile?
3 Il nuovo contratto <u>durerà</u> fino al 2004?
4 Il capitale <u>aumenterà</u> del 10%?
5 <u>Firmeranno</u> l'accordo coi sindacati?

POEM

Un altro lunedì

To conclude this lesson, read the decription of that Monday morning feeling in a poem by Primo Levi, written in 1946 (from *Ad Ora Incerta*, Garzanti, 1984). Primo Levi (1919–87) was a partisan, a prisoner in Auschwitz, and the author of many celebrated novels, short stories and poems. Note who the people (and a couple of animals) are that this modern Minos sends to Hell or Heaven, and decide whether you would agree with Primo Levi's choice.

'Dico chi finirà all'Inferno:
I giornalisti americani,
I professori di matematica,
I senatori ed i sagrestani,
I ragionieri e i farmacisti,
(Se non tutti, in maggioranza)
I gatti e i finanzieri
I direttori di società,
Chi si alza presto alla mattina
Senza averne necessità.

'Invece vanno in paradiso
I pescatori ed i soldati
I bambini, naturalmente,
I cavalli e gli innamorati.
Le cuoche ed i ferrovieri,
I russi e gli inventori;
Gli assaggiatori di vino;
I saltimbanchi e i lustrascarpe,
Quelli del primo tram del mattino
Che sbadigliano nelle sciarpe.'

Così Minosse orribilmente ringhia
Dai megafoni di Porta Nuova
Nell'angoscia dei lunedì mattina
Che intendere non può chi non la prova.

2

NEW WORDS

ragionieri	accountants
innamorati	lovers
assaggiatori di vino	wine tasters
saltimbanchi	acrobats
lustrascarpe	shoeshines
che sbadigliano	yawning
sciarpe	scarves

NOTES

1 **chi finirà ... chi si alza presto ... chi non la prova ...**
   Chi is used with the meaning of 'those who'. Note how effective it is in its brevity.

2 **Così Minosse ...**
   In these last four lines Levi paraphrases Dante and the reference to Minos snarling (**'orribilmente ringhia'**) comes from Dante's *Divina Commedia* (Canto V).

3 **megafoni di Porta Nuova:** loudspeakers at Porta Nuova
   Porta Nuova is a train station.

4 **angoscia** conveys a stronger feeling than just pain. It describes an all-enveloping, frightening, existential pain or anguish, angst.

5 **intendere**
   Here it means both 'understand' and 'feel'.

Exercise 28

After reading or listening carefully to *Un altro lunedì*, answer these questions:

1 Chi parla nelle prime due strofe?

2 Come tradurreste la prima riga della poesia in inglese?

3 Secondo Levi 'chi si alza presto la mattina' merita l'Inferno? E perchè ?

4 E quindi perchè quelli 'del primo tram del mattino che sbadigliano nelle sciarpe' vanno in Paradiso?

5 Che differenza c'è, secondo voi, tra le persone descritte nella prima strofa e nella seconda?

6 Che cosa fanno i ragionieri?

2

Lesson 3

*The theme of this lesson is relations with other people –
'i rapporti con gli altri'. The lesson includes texts and
conversations about:*
- *marriage and the 'ideal wife'*
- *love and personal relationships*
- *parents and children*

You will learn how to:
- *express feelings*
- *give and seek opinions*
- *express doubt, agreement and disagreement*
- *express belief or certainty*

The language points covered include:
- *the subjunctive mood: present and perfect tenses*
- *when to use the subjunctives in dependent clauses*
- *use of suffixes – diminutives, pejoratives, augmentatives*

TEXT 1

Un ottimo partito

In this passage from Alberto Arbasino's *Le piccole vacanze*
the protagonist, Romeo, describes his 'ideal wife'. Note how,
starting from the second paragraph, when Romeo earnestly
tells us what he would like his wife to be like, the author
uses the present subjunctive. This is to underline Romeo's
deluded dreams, wishes, beliefs and opinions as opposed to
the reality represented by the young women mentioned in
the penultimate paragraph, who are described using the
indicative. Alberto Arbasino is a well-known journalist and
writer born in 1930. His book of short stories *Le piccole
vacanze* was published in 1957 by Einaudi, Torino.

Io rappresento una 'buona sistemazione' o un 'ottimo partito', è
fuori discussione, e per questo non ho mai ricevuto altro che le
gentilezze ipocrite [delle madri delle ragazze del mio paese] ... e
conosco quelle tecniche almeno come loro.

Io non voglio una donna soltanto … splendida, e quando l'hai fatta vedere in giro tutto finisce lì e poi a che cos'altro serve, visto che è muta; nè una trascurata che ciabatti in cucina; nè una matta per i figli che badi soltanto a loro; nè un'intellettuale attaccabottoni; nè una che voglia avere il suo mestiere e vivere la sua vita.

Cerco una ragazza serena e di buon senso. Che sia carina e di buon gusto; è una virtù che si ha o non si ha; e quando uno la possiede si manifesta in tutto, nel vestire, nel camminare, nel muoversi, pettinarsi, mangiare, nel tratto, nella linea (lasciamo perdere il mito della 'classe' qui …) e nel parlare soprattutto. Che abbia una certa cultura, nel senso che sappia almeno l'italiano e qualche cosetta in più, per seguire i bambini che poveretti, quante volte, tutto quel che imparano dalla madre è la confusione tra il congiuntivo e il condizionale.

Che non spenda come una pazza. Che sappia tenere una casa e farla andare avanti senza sbalzi, sappia imporsi alla cameriera con calma, sappia affrontare l'entrata degli ospiti senza l'angoscia, sappia inserire una ferma coerenza tra le altre virtù materne.

Non credo di richiedere tanto. Ma l'esperienza fa un quadro pessimistico: ricordo troppe osservazioni sceme, ricordo troppe ragazze di cui non ho mai udito che l'espressione 'he, he' [risatina gutturale], oppure 'che matto!'.

Eppure ci sono ragazze – nessuno chiede che 'sappiano tutto' – in grado di sostenere una conversazione da treno, con i diversi argomenti che si toccano successivamente, come d'abitudine, senza ripetere una quantità di luoghi comuni. E per esempio – non si pretende che siano al corrente con i '*vient-de-paraitre*' – ma sanno perchè Manzoni è diverso da D'Annunzio, sanno il nome dell'attuale presidente del consiglio (e forse anche se comanda più lui o il presidente della repubblica), sanno domandare un' informazione stradale in qualche lingua straniera, conoscono alcune città importanti, hanno visto degli spettacoli, sono in grado di distinguere una cosa bella da una brutta, quello che si può dire e fare, e quello che è meglio di no.

Un tempo c'erano da noi delle ragazze come queste (ragazze che si erano mosse, avevano visto, sapevano parlare, erano preparate) esistevano come ne esistono dappertutto, in qualunque luogo, a partire da quel certo numero di abitanti, ma poi si sono tutte sposate o amareggiate o andate via.

NEW WORDS

sistemazione	position
fuori discussione	indisputable
trascurata	shabby
che ciabatti	shuffling along
nel senso che	meaning that
andare avanti	to manage
sbalzi	ups and downs
imporsi	take command
richiedere	to demand
sceme	foolish
eppure	nevertheless
in grado di	capable of
argomenti	reasons
luoghi comuni	platitudes
si pretende	one expects
al corrente	well informed
vient-de-paraitre	latest cultural events
informazione	directions
un tempo	in the past
si erano mosse	had travelled
amareggiate	embittered

NOTES

1 **ottimo partito:** a good catch
   That's how Romeo sees himself.

2 **una che ciabatti ... che voglia ... che sia ...**
   These are all present subjunctives in relative
   clauses introduced by the indefinite pronoun **una**
   (see more on the use of the subjunctive in
   Section 6 on page 59). They are used here to
   describe Romeo's personal views.
   non si pretende che siano al corrente: here
   the subjunctive is dependent upon the main verb
   which expresses opinion.

3 **matta per i figli:** obsessed with the children
   Matto/pazzo are often used with the meaning of
   obsessed, wild:
   I giovani vanno matti per la musica pop.

Young people are wild about pop music.

4 **badi soltanto a loro:** who only looks after them
5 **attaccabottoni:** an incessant talker
6 **una che voglia avere il suo mestiere e vivere la
   sua vita:** a woman with a life and job of her own
   This is obviously not what Romeo wants. The
   choice of the subjunctive underlines his dislike or
   prejudice against such a wife and it reflects his
   maschilismo (sexism). It would be perfectly
   possible, linguistically, to say '**una donna che
   vuole il suo mestiere e la sua vita**'; this would
   describe objectively a certain type of woman.
7 **nel vestire, nel camminare, nel muoversi:** in
   the way of dressing, walking, moving
   These are infinitives, which are used in Italian as
   masculine nouns and may take article and
   preposition. They are used as subjects or objects of
   a sentence and often correspond to the '-ing' form
   of English verbs:
   Preferisco il mangiare al bere. I prefer eating to
   drinking.
   Col passar del tempo. As time goes by.
8 **da noi:** in our village
   Da + noun or personal pronoun can refer to a
   person's family, home, workplace, village, country
   of origin, the exact meaning coming from the
   context:
   Passiamo da lui?
   Shall we go to his office, home, shop etc.?
   Da noi si parlano molti dialetti.
   In our country we speak many dialects.

Exercise 29

Can you find the opposite of these adjectives used by Romeo ?

1 ottimo

2 carina

3 di buon gusto

4 trascurata

5 splendida

6 serena

7 di buon senso

8 sceme

9 preparata

10 amareggiate

Exercise 30

Imagine that you are discussing Text 1 with a friend and while he defends Romeo's views, you criticise his total lack of understanding of women's issues in today's society:

Friend   La lettura mi è piaciuta, Romeo ha ragione, non ti pare?

You   ....
[What are you saying? He is not right! I agree with those (women) who laugh at him and think he's mad!]

Friend   Davvero? Tutto sommato cosa vuole lui? Una moglie che non sia nè troppo bella nè trascurata che ...

You   ....
[... a wife, above all, who is not an intellectual and doesn't want to have a life or a job of her own.]

Friend   Ma non trovi importante che la moglie stia in casa a badare ai bambini?

You   ....

> [Quite! A woman, in his opinion, only needs to be
> cultured so that she can run the house, know how
> to deal with the maid and teach her children the
> difference between the conditional and the
> subjunctive.]

Friend Se non altro non dice che una donna deve
solo essere carina. Non sei d'accordo almeno
sul fatto che una donna debba aver buon
gusto?

You ....
> [I most certainly do! And it's also important that
> she has a sense of humour. That's why Romeo can't
> find the perfect wife.]

5 FORMING THE PRESENT AND PERFECT SUBJUNCTIVE

The subjunctive has four tenses: present, perfect,
imperfect and pluperfect. It is used mainly in dependent
clauses after **che** and after certain specific conjunctions,
as well as in some relative clauses and after imperatives
followed by **che**. In this lesson we will look at the
present and perfect tenses. See Sections 8 and 9, pages
80–83, for the past tenses and 'if' clauses.

The endings for all verbs in the present subjunctive, even
those with irregular stems, are:

	-**are** verbs	-**ere** and -**ire** verbs
io	-**i**	-**a**
tu	-**i**	-**a**
lui	-**i**	-**a**
noi	-**iamo**	-**iamo**
voi	-**iate**	-**iate**
loro	-**ino**	-**ano**

Note that since the first three persons singular have the
same endings, in the present subjunctive it is often

necessary, for the sake of clarity, to use the subject pronouns **io**, **tu** and **lui/lei**. You will find the full conjugation of all verbs in the Appendix at the end of the book.

Some irregular present subjunctives are:

andare	**vada vada vada andiamo andiate vadano**
dare	**dia dia dia diamo diate diano**
dire	**dica dica dica diciamo diciate dicano**
dovere	**debba debba debba dobbiamo dobbiate debbano**
fare	**faccia faccia faccia facciamo facciate facciano**
sapere	**sappia sappia sappia sappiamo sappiate sappiano**
scegliere	**scelga scelga scelga scegliamo scegliate scelgano**
stare	**stia stia stia stiamo stiate stiano**
tenere	**tenga tenga tenga teniamo teniate tengano**
tradurre	**traduca traduca traduca traduciamo traduciate traducano**
uscire	**esca esca esca usciamo usciate escano**
venire	**venga venga venga veniamo veniate vengano**
volere	**voglia voglia voglia vogliamo vogliate vogliano**

Note in particular the present subjunctives of **avere** and **essere**:

avere	**abbia abbia abbia abbiamo abbiate abbiano**
essere	**sia sia sia siamo siate siano**

The perfect subjunctive is formed, as with the indicative, by using **avere** and **essere** + past participle:

che io abbia comprato, etc.
che io sia venuto/a, etc.

6 USES OF THE SUBJUNCTIVE

The subjunctive is used:

1 in secondary clauses after **che**:
when the main verb expresses an emotion (fear, joy, hope, pleasure, displeasure), such as: **temo, spero, sono contento, mi dispiace che**; or opinion, such as: **mi pare, penso, credo, immagino, pretendo che**

when in the main clause there is an impersonal expression such as:
è meglio che, basta che, non è che, si dice che, il fatto è che

2 in secondary clauses preceded by:

although	**sebbene, quantunque, benchè**
so that	**affinchè, perchè, in modo che**
provided that	**purchè, a patto che, a condizione che**
unless	**a meno che non**
before	**prima che**
without	**senza che**

3 in some relative clauses:
after the superlative: **il più/il meno ... che**

after an adjective with restrictive meaning: **l'unico che, il solo che, il primo che, l'ultimo che**

after negative expressions such as **non** followed by negative adjective or pronoun + **che**:
Non c'è nessuno che mi capisca.

after indefinite adjectives and pronouns:
Qualcuno/uno/nessuno/qualcosa che ...

Note that in modern Italian, both written and spoken, the indicative replaces the subjunctive with increasing frequency, even when the subjunctive should be used:
Spero che ha capito.
instead of the more accurate:
Spero che abbia capito.

Exercise 31

Complete these sentences with the correct form of the present subjunctive:

1 Non mi pare che Maria ... (sapere) sostenere una conversazione intelligente.
2 Speriamo che voi non ... (spendere) troppi soldi.
3 È facile [it is likely] che io ... (arrabbiarsi) parlando di politica.
4 Mi da fastidio che tutti ... (fumare) al ristorante.
5 Mi sembra impossibile che lei ... (avere) già finito.
6 Non gli piace che io lo ... (contraddire).
7 Non è che io lo ... (conoscere) bene.
8 Credo che Romeo non ... (essere) un gran buon partito!
9 Hanno paura che le donne non ... (insegnare) le buone maniere ai bambini.
10 Ci dispiace che i nostri genitori ... (fermarsi) così poco.

Exercise 32

Complete these sentences with the correct form of the present subjunctive and then translate them into English:

1 Romeo cerca moglie, benchè ... (avere) molte difficoltà a trovarla.
2 Ti porto fuori purchè ... tu (comportarsi) bene.
3 Ti telefono prima che ... (cominciare) il film.
4 Mando i miei figli in Inghilterra affinchè ... (imparare) l'inglese.
5 Stasera stiamo in casa a meno che tu non ... (volere) uscire.
6 Non capisco perchè lui ... (restare) in città d'estate.

7 Malgrado tutti ... (andare) in vacanza, la città è affollatissima.

8 Capisco benissimo senza che tu me lo ... (ripetere).

9 Fa' in modo che Mario ... (venire) anche lui!

10 Mario viene a condizione che tu ... (portare) i bambini.

Exercise 33

Complete the following sentences using the present subjunctive of the verbs given in brackets:

1 È il più bel ragazzo che io ... (conoscere).

2 È l'unico che ... (dire) la verità.

3 Non ci sono molti che ... (dare) mance così generose.

4 Hanno bisogno di qualcuno che li ... (aiutare).

5 Non sono i primi che ... (avere) capito.

6 Non conosco nessun italiano che ... (stirare) le proprie camicie.

7 Non c'è niente che voi ... (potere) fare.

8 Questo è il profumo meno caro che ci ... (essere).

9 È la sola ragazza che ... (guardare) lo sport alla TV.

10 Voglio comprare qualcosa che ... (andare) bene in vacanza.

Exercise 34

Now, to revise the use of the subjunctive, go back to Text 1 (pages 52–53) and see how many subjunctives you can find.

A un piccolo ricevimento

Francesca and her boyfriend Marino are at a party at the
house of their young friends, Marco and Monica.

MARINO Guarda Francesca, chi sono quei due là
nell'angolo?

FRANCESCA Credo che siano il fratello di Monica e la sua
ragazza, perchè?

MARINO Perchè mi danno proprio sui nervi. Siamo qui da
venti minuti e in tutto questo tempo non hanno
fatto altro che sbaciucchiarsi o sussurrarsi
paroline all'orecchio.

FRANCESCA Ma sai che sei proprio intollerante! Sono
innamorati.

MARINO Vuoi che faccia anch'io così, tesoro bello, che ti
stia sempre attaccato, ti guardi negli occhi e
sospiri tragicamente per convincerti del mio
grande amore? ...

FRANCESCA Per carità! Piuttosto, mi pare che quella pettegola
della Giovanna stia dirigendosi in questa
direzione, fa finta di niente e continua a parlarmi
finchè non se ne va.

MARINO Non vuoi che la chiami?

FRANCESCA Tu fa come vuoi, io vado a chiacchierare con la
Mimma, che è appena arrivata coi bambini.

MARINO Allora vado in terrazza a far quattro chiacchiere
con Anna e Stefano, chissà che non mi
presentino a quella bella ragazza che c'è con loro.

FRANCESCA Sta' attento, però, che se cominci a far lo stupido
te le sussurro io le paroline all'orecchio ...

NEW WORDS

sbaciucchiarsi	to keep kissing
sussurrare	to whisper
paroline	sweet nothings, endearments
attaccato	close/stuck
per carità!	please!
chiacchierare, far quattro chiacchiere	to have a chat
presentino	introduce

NOTES

1 **mi danno sui nervi:** they get on my nerves
   Note that the possessive adjective is omitted:
   Ci da sui nervi. He/she gets on our nerves.

2 **da venti minuti:** we've been here 20 minutes
   Note the use of **da** + <u>present</u> tense to describe
   length of time:
   Vivo a Milano da due mesi. I've been living in
   Milan for 2 months (and I'm still there).
   But:
   Ho vissuto a Milano per due mesi.
   I lived in Milan for 2 months (but I've now moved).

3 **finchè non se ne va:** until she goes away
   Finchè meaning 'until' always takes **non**:
   Aspetto qui finchè non torna.
   I'll wait here till she comes back.

4 **chissà che non ... :** I hope that/perhaps ...
   Note the use of **non** + subjunctive to express wish
   or uncertainty:
   Chissà che non smetta di piovere.
   Perhaps it will stop raining.

5 **tesoro bello**
   Tesoro is masculine so the adjective is masculine.
   The same applies to other terms of endearment:
   gioia mia, amore mio, which can be used for
   men and women.

6 **far lo stupido:** to behave in a silly manner
   This is a commonly used expression, which can
   escalate to:
   far lo scemo, far l'imbecille, far il cretino.

Exercise 35

After reading or listening carefully to Conversation 1 answer these questions:

1 Che cosa dice Marino del fratello di Monica e della sua ragazza e perchè?
2 Perchè Francesca vuole evitare Giovanna?
3 Con chi vuole fare quattro chiacchiere Marino?
4 E chi spera che gli presentino?
5 Perchè Francesca minaccia scherzosamente Marino?

Exercise 36

Change these sentences as in the example using **chissà che non** + subjunctive:

Allora si ferma qualche giorno ? ... una settimana! →
Chissà che non si fermi una settimana!

1 Allora si compra una motocicletta? ... macchina.
2 Vengono domani? ... al weekend.
3 Allora, ritornano lunedì? ... la settimana prossima.
4 Cerca un altro lavoro ? ... aver già trovato!
5 Il treno arriverà in ritardo? ... in orario!

Cuore di legno

In this poem Primo Levi, who lived in Milan at the time, talks
about his 'neighbour' and describes the joys and some of the
problems of living in the city that he and his neighbour
encounter. The poem was written in 1980 when Levi was 71.

Il mio vicino di casa è robusto.
È un ippocastano di corso Re Umberto
Ha la mia età ma non la dimostra.
Alberga passeri e merli, e non se ne vergogna,
In aprile, di spingere gemme e foglie,
Fiori fragili a maggio,
A settembre ricci dalle spine innocue
Con dentro lucide castagne tanniche
È un impostore ma ingenuo, vuole farsi credere
Emulo del suo fratello di montagna
Signore di frutti dolci e di funghi preziosi.
Non vive bene. Gli calpestano le radici
I tram numero otto e diciannove
Ogni cinque minuti; ne rimane intronato
E cresce storto come se volesse andarsene.
Anno per anno succhia lenti veleni
Dal sottosuolo saturo di metano;
È abbeverato d'orina di cani,
Le rughe del suo sughero sono intasate
Dalla polvere settica dei viali;
Sotto la scorza pendono crisalidi
Morte, che non saranno mai farfalle.
Eppure, nel suo tardo cuore di legno
Sente e gode il tornare delle stagioni.

NEW WORDS

gemme	buds
ricci	husks
calpestano	they trample upon
intronato	deafened
sottosuolo	subsoil
sughero	cork, bark
intasate	clogged
scorza	bark

3

Exercise 37

Read and listen to the poem a few times, check the words in the dictionary if necessary and then try to answer these questions:

1 Chi è il vicino del poeta?

2 Continuate la lista dei motivi per cui l'albero 'non vive bene': i tram, i lenti veleni, ...

3 Perchè le crisalidi non saranno mai farfalle?

4 Pensate che il poeta abbia anche lui 'un tardo cuore'?

CONVERSATION 2

Cronache di poveri amanti

This dialogue is taken from the novel *Cronache di poveri amanti* written in 1947 by Vasco Pratolini (born in Florence in 1913). Two young people, Musetta and Renzo, living in a poor part of Florence, meet for the first time and this is the beginning of their love story. Note the simple, colloquial, but lively language with many useful everyday expressions:

RENZO Tu come ti chiami?
MUSETTA Musetta. Tu Renzo, lo so. La tua mamma ha già

	fatto amicizia con la mia, e con le altre donne.
RENZO	Sei la figliola del caposquadra della Nettezza, vero?
MUSETTA	Sì, e mia sorella è la padrona della carbonaia.
RENZO	Chi è quella tua amica con le trecce sulle spalle?
MUSETTA	Adele, ma con lei non c'è nulla da fare. È fidanzata a mio fratello.
RENZO	Lo chiedevo per curiosità. E quella bassina?
MUSETTA	Piccarda dici? È la sorella dell'ex-ferroviere che abita al numero 2. Anzi è la cognata della sorella di Adele, perchè Bruno, l'ex-ferroviere, ha sposato Clara. E i loro genitori si sono messi insieme... Già a spiegarlo è piuttosto complicato, ma basta che ti affiati con la strada, e vedrai che non c'è nulla di straordinario. In via del Corno anche se a volte c'e buriana ci vogliamo tutti bene.
RENZO	Me ne accorgo. Site tutti parenti!
MUSETTA	Siamo tutti una ghega, dice lo Staderini. Lo Staderini saprai chi è, spero.
RENZO	Mi ha recitato un canto dell'Inferno mentre mi metteva una toppa a questa scarpa.
MUSETTA	Dante è la sua fissazione, ma in via del Corno non lo ascolta più nessuno. È costretto a declamare in una bettola di via dei Saponai.
RENZO	Eppure recita i versi come un professore. Ti piacciono le poesie?
MUSETTA	Le capisco poco. A te piacciono?
RENZO	A me sì. ... Leggere ti piace?
MUSETTA	Abbastanza, ma non trovo mai il tempo.
RENZO	Io ho una biblioteca di quattordici volumi. Se vieni ti posso prestare qualche romanzo.
MUSETTA	Parlano d'amore?
RENZO	Anche...

3

NEW WORDS

caposquadra	head of the team
Nettezza (Urbana)	refuse collection
carbonaia	coal merchant
trecce	plaits
messi insieme	living together
toppa	repair, patch
bettola	tavern

NOTES

1 **quella bassina:** the small one
   The diminutive suffix is used to soften the use of
   the adjective **bassa** (short). See also Section 7,
   pages 73–74.
2 **buriana:** uproar and **ghega:** band
   Both these expressions are in Tuscan dialect.
3 **ci vogliamo bene:** we love one another
   Voler bene is the verb most commonly used to
   express love (with friends, lovers, family, etc.);
   amare is used more in writing and describes
   more passionate feelings.

Exercise 38

Give the Italian word for each of the relatives
described below (some of them are in Conversation 2):

1 Nati dagli stessi genitori
2 Genitori dei genitori
3 Figlio del figlio
4 Figlio di un fratello
5 Figlia degli zii
6 Marito della sorella
7 Padre della moglie
8 Madre della moglie
9 Marito della figlia
10 Moglie del figlio

3

Exercise 39

After carefully listening to or reading Conversation 2, answer these questions:

1 Come mai Musetta sa già come si chiama Renzo?
2 Chi fa la carbonaia?
3 Che lavoro fa lo Spaderini?
4 A chi piacciono le poesie?
5 Secondo Renzo la sua biblioteca è grande? E lo è davvero?

3

Exercise 40

Read these **annunci matrimoniali** (matrimonial ads) which appeared in the magazine *Cronaca vera*. Then answer the questions that follow.

Annunci matrimoniali

1 Pensionata 70enne, sola, buon carattere, sensibile, cerca distinto, solo settentrionale, amante animali, economicamente indipendente per seria unione. Carta identita n.1234093 Fermo Posta Cordusio – Milano.

2 Serio 40enne, riservato, celibe, simpatico, alto 1.80, snello, cerca donna massimo 45enne, dinamica, senza figli, anche straniera, per eventuale unione matrimonio. Patente RC 3104458 L – Fermo Posta San Giacomo di Veglia – Chieti.

3 Detenuto 35enne corrisponderebbe con ragazze di tutta Italia anche madri per ev. unione. Piero Cetti-Casa Circ.,Vallo della Marnia – Napoli.

4 37enne nubile, casalinga, cerca distinto, serio, alto, massimo 45enne per ev. matrimonio. Carta id. 3628056 – Fermo Posta Bagni di Lucca – Lucca.

Now answer these questions about the matrimonial ads on the previous page:

1 Quali annunci sono scritti da donne?

2 Traducete: Fermo posta – Patente

3 Un signore di Napoli di 72 anni potrebbe andar bene per l'annuncio 1? Perchè?

4 La persona dell'annuncio 4 potrebbe trovare un'anima gemella tra gli altri tre annunci? Quale?

5 L'annuncio numero 3 è diverso dagli altri tre, perchè?

CONVERSATION 3

Genitori e figli

Two middle-aged friends discuss the difficulty that their children face in getting jobs and leaving home these days.

LUIGI   I tuoi figli vivono ancora con voi?

GIANNI   Il più vecchio, Marco, adesso è sposato e vive fuori Verona con la moglie. I due più giovani invece sono ancora qui e purtroppo sono ancora disoccupati.

LUIGI   Anche i nostri. Carlo ha appena finito il servizio militare e sta cercando lavoro. Mariella invece aveva trovato un buon posto alla Gamma, ma la ditta si è trasferita a Milano e lei non voleva muoversi.

GIANNI   Anna ha la stessa età della Mariella, mi pare. Ha 23 anni e non è facile che trovi lavoro con il solo diploma di maestra. Di posti ce ne sono pochi.

LUIGI   Non è che non si vogliano tenere i figli con noi, ma alla nostra età non dovremmo più aver queste preoccupazioni.

GIANNI   Io a 18 anni ero già indipendente. E mi spiace per i giovani di oggi, ci sono meno posti, gli alloggi sono pochi e cari e mancano i sussidi.

LUIGI Ma forse li abbiamo anche viziati, tutto sommato
è comodo starsene con i genitori, senza
responsabilità e senza spese…

GIANNI È quello che dice mia moglie, ma non si può fare
come certa gente che sbatte i figli fuori di casa e li
lascia che si arrangino da soli.

LUIGI Eh, li ho visti quand'ero in Inghilterra, tanti
giovani che dormivano negli androni degli uffici
o sotto i ponti.

GIANNI Non solo in Inghilterra… Ci sono anche qui, sai, i
senzatetto. In molte famiglie oggigiorno il reddito
non basta per mantenere anche i figli adulti.

LUIGI Già! Io i figli li mantengo benchè il governo non
aiuti.

GIANNI Appunto. Non ci sono corsi di tirocinio o di
formazione aziendale che possano aiutare i
giovani a trovar lavoro?

LUIGI Forse val la pena di informarsi.

3

NEW WORDS

disoccupati	unemployed
maestra	primary school teacher
mi spiace	I am sorry
alloggi	accommodation/homes
sussidi	(welfare) benefits
viziati	spoilt
sbatte fuori	(people) throw out
si arrangino	cope by themselves
androni	doorways
senzatetto	homeless
reddito	income
mantenere	to keep
tirocinio	training
formazione aziendale	vocational training

1   **val la pena di informarsi:** it's worth finding out
Note that here, as with all impersonal expressions
followed by a verb, you must use the infinitive
when the dependent clause does not have a
subject, but you must use the subjunctive when the
dependent clause does have a subject:
Non val la pena che tu venga fin qui.
It's not worth your while coming here.
Compare:
E importante avere titoli di studi.
It's important to have qualifications.
E importante che tutti abbiano titoli di studio.
It's important for everybody to have qualifications.

Exercise 41

Complete these sentences which describe some of
the issues discussed in Conversation 3 on page 70:

1 I figli non sposati di Gianni e di Luigi …
2 Mariella non lavora più alla Gamma perchè …
3 Anna, con il solo diploma di …
4 Gianni sostiene che a 18 anni lui …
5 Gli dispiace per i giovani di oggi perchè …
6 A Luigi i figli sembrano un po' viziati perchè …
7 In Inghilterra …
8 Il governo Italiano …
9 Alcuni genitori mandano via di casa i figli adulti
   perchè …
10 I due amici alla fine decidono di …

These suffixes can be added to words (nouns and adjectives) and modify their meaning:

1 Diminutive suffixes

-ino/a, -etto/a, -ello/a indicate smallness and often imply endearing qualities. They are often used both in speaking and in writing. But it is important to remember that not all suffixes can be added to all words. Experience in reading and listening will help you choose suitable ones:

la mano	**la manina**
vecchio/a	**vecchietto/a**
bottega	**botteghino** (box office, lottery shop)*
vento	**venticello**
poco	**pochino** (very little)
casa	**casina, casetta**
cara	**carina** (pretty)
brutta (ugly)	**bruttina** (a little unattractive)

* Note that, like many feminine nouns, this becomes masculine when a suffix is added.

-uccio/a can be an endearment, but can also have a pejorative meaning:

Maria	**Mariuccia** (dear Mary)
cosa	**cosuccia** (an insignificant little thing)

2 Augmentative suffixes

-one/a added to a noun means 'big':

uomo	**omone**
porta	**portone** (main door)*
donna	**donnone** (a big woman)*

* Note that these become masculine when a suffix is added.

-occio and **-otto** are less common and mean, respectively, 'fairly' and 'sturdy':

ragazzo	**ragazzotto** (sturdy boy)
bella	**belloccia** (fairly attractive)

3 Pejorative suffixes

-accio/a and **-astro/a** (rarely used and meaning 'fake') give the word unpleasant connotations:

ragazzo	**ragazzaccio** (bad/dishonest boy)
tempo	**tempaccio** (foul weather)
donna	**donnaccia** (whore)
poeta	**poetastro** (hack poet)

But note:

fratellastro	half-brother, step-brother
sorellastra	half-sister, step-sister

These words are in fact avoided in modern Italian, because of their negative connotations.

Exercise 42

Read these sentences, all taken from Giuseppe Marotta's *Oro di Napoli* (Bompiani, 1977). Marotta was a Neapolitan writer. His short stories describe, with great humour and love, the everyday lives of the inhabitants of the '**bassi**' (poor districts) of Naples. The short stories quoted here are *Giugno* and *Il numero vincente*. Translate the words with suffixes which are underlined:

1 Giugno mi dai Napoli su un piattino come la comunione

2 Per i ragazzi dei vicoli giugno è il mese dei carrettini.

3 Il carrettino è una tavoletta su quattro rotelle di legno [...] con una sterzo comandato da due cordicelle.

4 Un vecchietto si mette a scavare nella sabbia e [...] ne fa regolari mucchietti.

5 Il sasso[...] aveva tenuto fermi i calzoncini e la maglietta [del bambino].

6 Carmela Abate era una straripante donnetta.

7 In quel momento si udì lo scalpiccio del ragazzetto che gli portò il primo numero estratto dal botteghino del lotto.

8 Fece apparire un vasetto di fiori finti.

9 Don Leopoldo potè vedere un arcaico pistolone.

10 Si accosta alla fontanella.

Lesson 4

The theme of this lesson is how Italians spend their free time – 'il tempo libero'. The lesson includes text and conversations about:
- *television, cinema, theatre and clubbing*
- *the Italian 'economic miracle' of the 1960s*
- *Italian reading habits*

You will learn how to:
- *use and understand hypothetical phrases*
- *advise, warn, predict*
- *express something unreal, unlikely or untrue*

The language points include:
- *uses of imperfect and pluperfect subjunctive*
- *'if' clauses – 'se' + 'congiuntivo'*
- *uses of all tenses of the subjunctive in main and dependent clauses*

CONVERSATION 1

Cos'hai visto alla TV?

During a coffee break at work, Anna and Nino discuss what they have been watching on television (see the TV listings on pages 78–80).

ANNA Hai visto il film su Raidue con Rebecca de Mornay ieri sera?

NINO Il film? Ma scherzi, ieri c'era la finale della Coppa Italia su Raiuno, avevo invitato degli amici e siamo rimasti attaccati al televisore fino alle 11.

ANNA Non sapevo che fossi così fanatico del calcio. Perlomeno spero che ti sia divertito!

NINO Certo! E tu? Pensavo che tu preferissi le rubriche serie o i documentari.

ANNA Guardo anche quelli, ma il film era proprio bello, ed è anche relativamente recente. Comunque ho guardato anche il telegiornale a Raitre.

NINO	Naturalmente, io ormai per quanto riguarda l'attualità preferisco la TV ai giornali. Ma solo Raitre, non la Rete 4 dove le notizie le ficcano nell'intervallo tra gli altri programmi. Però io guardo anche le notizie locali su Verona due.
ANNA	Non posso sopportare tutte le réclame sulle reti locali. Ma ieri ho visto Anna Maria Rossi, è il nuovo assessore comunale, eravamo a scuola insieme, sai?
NINO	Davvero? Sembra in gamba e se non altro pare che sia riuscita a far approvare la costruzione del nuovo Nido d'Infanzia a Castel San Pietro.
ANNA	Non vedo l'ora che lo facciano. Ci manderei senz'altro i miei bambini.
NINO	Anche noi. E guardi mai i giochi, tu? Mia moglie ci va matta. Soprattutto 'La ruota della fortuna'.
ANNA	Beh, sì, li seguo anch'io, ma per qualcosa di leggero preferisco un buon film e qualche volta uno show.
NINO	Allora ricordati che domani c'è la prima trasmissione di Viva Napoli con Mike Bongiorno. Carla è napoletana e ci tiene molto a vederla.
ANNA	Perchè non venite da noi? Vi preparo una bella cenetta e poi guardiamo insieme il programma.
NINO	Grazie dell'invito, dò un colpo di telefono a Carla e ti saprò dire.

4

NEW WORDS

attaccati	stuck
perlomeno	at least
rubriche	features
telegiornale (TG)	news bulletin
attualità	current affairs
ficcano [*familiar*]	they put
le réclame	commercials
reti locali	local stations
assessore comunale	town councillor
Nido d'Infanzia	crèche
trasmissione	broadcast
ti saprò dire	I'll let you know

1 **Raitre, Raidue, reti locali**
Raiuno, Raidue and **Raitre** are the three national state-run networks. The **reti locali** are small private local stations. Verona, quoted in the conversation, a town of 250,000 inhabitants, has two private TV stations. There are also private, national TV stations such as: **Rete 4**, **Canale 5** and **Italia 1**.

2 **giochi:** games
Giochi is also used for children's, Olympic and card games:

gioco di parole	play on words
doppio gioco	double crossing
gioco d'azzardo	gambling

3 **ruota della fortuna:** wheel of fortune
One of the many daytime game shows.

4 **cenetta:** a small/informal dinner
Note the use of the dimunitive to make the invitation less formal.

5 **un colpo di telefono:** a phone call
Less formal than **telefonata**.

Exercise 43

Study these Italian television listings before attempting to answer the questions that follow:

Mercoledì 7 giugno

RAIUNO
6.45 Unomattina

9.35 Il cane di papà *telefilm*
10.05 Gli amanti della città
  sepolta *film (USA) 1994*
11.45 Utile, futile!
12.35 La signora in giallo
  telefilm
13.30 Telegiornale
14.15 Salagiochi *gioco*
15.00 Voglia di vincere *telefilm*
15.45 Cartoni animati
17.30 Zorro *telefilm*
18.00 TG1

18.10 Italia sera *attualità*
18.50 Luna Park *gioco*
20.00 Telegiornale
20.40 Calcio: Juventus-Parma
  Finale Coppa Italia
22.35 TGS – Speciale Finale
  Coppa Italia
23.05 TGS – Mercoledì sport

RAIDUE
7.00 Quante storie!
  programma per bambini
9.10 La clinica della foresta nera
9.55 Quando si ama *soap opera*
12.10 Un medico tra gli orsi
13.00 TG2 – Giorno
13.55 Quante storie Disney!

14.30 Paradise Beach *soap opera*
15.00 Santa Barbara *soap opera*
15.50 Pomeriggio sul 2
16.30 Commissario Navarro
18.10 TGS – Sportsera
18.45 I due volti della giustizia
  telefilm
19.45 TG2 – Sera
20.20 Ventieventi
  gioco
20.40 Prigioniera del suo passato
  film (USA) 1994
22.20 Mixer giovani – Davvero
23.30 TG2 – Notte
24.00 TG1 – Notte

RAITRE
12.40 Vita di strega
13.25 Donne in musica
14.00 TGR – TG regionali
14.20 TG3 – Pomeriggio
14.50 TGR – Bellitalia
15.15 Avvenimenti sportivi
16.10 Complotto di famiglia
  Francia – da Parigi
19.00 TG3 – Regionali
19.50 Blob Soup
20.10 Blob – Di tutto un po'
20.30 Mi manda Lubrano
  rubrica
22.30 TG3 – Ventidue e trenta
22.45 TGR – TG regionali
22.55 Bar Condicio *piano bar*
23.55 Prima della Prima

CANALE 5
9.00 Maurizio Costanzo show
11.45 Forum *rubrica*
13.00 TG5

13.40 Beautiful *soap opera*
15.20 Ninotchka *film (USA) 1939*
15.25 Le più belle scene da un
  matrimonio *rubrica*
16.00 Cartoni animati
18.00 OK Il prezzo è giusto
19.00 La ruota della fortuna *gioco*
20.00 TG 5
20.25 Striscia la notizia *varietà*
20.40 Scene da un matrimonio show
  rubrica
22.45 TG 5
23.15 Maurizio Costanzo show

RETE 4

7.30 Tre nipoti e un
  maggiordomo *telefilm*
8.00 Manuela *telenovela*
9.00 Buona giornata
9.15 Il disprezzo *telenovela*
10.20 Grandi magazzini

10.35 Febbre d'amore
  soap opera
[Nell'intervallo: 11.30 TG 4]
11.40 Rubi *telenovela*
12.20 Cuore selvaggio
  telenovela
13.00 Sentieri *soap opera*
13.30 TG 4
14.20 Naturalmente bella
  rubrica
15.30 La donna del mistero 2
  telenovela
16.25 Agenzia matrimoniale
  rubrica
17.10 Perdonami *rubrica*
18.00 Punto di svolta *attualità*
[Nell'intervallo: 19.00 TG 4]
20.30 La baia di Napoli
  film (USA)
22.45 Matrimonio con vizietto
  film (Italia) 1985

ITALIA 1

9.20 Chips *telefilm*
10.25 Speciale Referendum '95
11.00 Babysitter *telefilm*
12.25 Studio aperto
12.30 Referendum '95
12.50 Ciao ciao *Programma per
  bambini*
14.30 Smile *Programma per
  bambini*
14.35 Non è la RAI *varietà*
16.30 Neon rider *telefilm*
17.30 Benny Hill Show

17.45 Primi baci *telefilm*
18.20 Tequila e Bonetti *telefilm*
19.30 Studio aperto

19.50 Studio sport
20.00 Karaoke *musicale a Fiuggi*
20.45 Non dite a mamma che
  la sposo *film (USA) 1994*

22.40 Referendum '95
22.45 Anteprima: 15 anni di TV
23.30 Calcio *il Milan in Cina*

1.15 Italia 1 sport

1 A che ora c'è il telegiornale sulla Rai 3 e sulla
Rete 4 alla sera?

2 Vi pare che trasmettano molti film stranieri sulle
reti televisive italiane?

3 Su che rete potreste guardare più giochi?

4 Su quale rete c'è più sport?

5 Se foste appassionati di 'soap opera' e
'telenovela', che canale scegliereste?

6 Se i bambini volessero vedere cartoni animati a
che ora guarderebbero la TV?

7 A che ora va in onda il film americano 'La Baia
di Napoli'? E su quale canale?

8 FORMING THE IMPERFECT AND PLUPERFECT SUBJUNCTIVE

The imperfect tense of the subjunctive is formed by removing the ending **-re** from the infinitive and adding:
-ssi
-ssi
-sse
-ssimo
-ste
-ssero

Examples:
Ha voluto che io ci <u>andassi</u>.
She wanted me to go there.
Mi pareva che tutti lo <u>conoscessero</u>.
I thought that they all knew him.
Credevamo che lui <u>dormisse</u>.
We thought that he was asleep.

4

The imperfect subjunctive of the verbs **avere** and **essere** is:

<u>avere</u>	<u>essere</u>
avessi	**fossi**
avessi	**fossi**
avesse	**fosse**
avessimo	**fossimo**
aveste	**foste**
avessero	**fossero**

The following verbs have irregular stems in the imperfect subjunctive:
dare: **dessi dessi desse dessimo deste dessero**
stare: **stessi stessi stesse stessimo steste stessero**

A few verbs have irregular imperfect subjunctives formed from the same stem as the imperfect indicative:

bere	**bevessi**
condurre	**conducessi**
dire	**dicessi**
fare	**facessi**
tradurre	**traducessi**

The pluperfect subjunctive is formed, as with the indicative, by using **avere** and **essere** + past participle:

avessi guardato
fossi venuto/a

9 USES OF THE IMPERFECT AND PLUPERFECT SUBJUNCTIVE

1 In 'if' clauses
The imperfect and pluperfect tenses of the subjunctive are used in hypothetical clauses with **se** ('if') when the main verb is in the present or past conditional, but not when it is in the future or present tenses:

present: **Se costa poco ci va molta gente.**
future: **Se costerà poco ci andrà molta gente.**
possibility: **Se costasse meno ci andrebbe molta più gente.**
impossibility: **Se avessi letto il libretto avresti capito meglio l'opera.**

The present conditional + imperfect subjunctive is used when you imagine the present or the future to be different:
Se lavorassi, non sarei così povero!
If I worked I would not be so poor!
or even when talking about something unreal, unlikely or untrue:
Se fossi in te mi troverei subito lavoro!
If I were you I'd get a job immediately!

The past conditional + pluperfect subjunctive is used when you imagine something impossible or which did not happen:
Se non avessero inventato la TV, che cosa avremmo potuto fare alla sera?

2 In dependent clauses
As we have already seen in Section 6, page 59, the subjunctive is used in dependent clauses after verbs expressing feelings; impersonal expressions; indefinite pronouns; and conjunctions such as 'although', 'so that', etc. The imperfect and pluperfect tenses of the subjunctive

4

are used when the main verb is in the past tense:

Credevo che stasera voi guardaste Dracula alla Tv.
I thought you would all watch Dracula on TV tonight.
No, avevo paura che i bambini si spaventassero.
No, I was afraid the children would be frightened.
Non conosceva nessuno che desse lezioni di musica.
He didn't know anybody who could give music lessons.

3 After '**come se**'
Entrate pure! Fate come se foste a casa vostra.
Come in! (*lit.*) Behave as if you were at home.

10 USES OF THE SUBJUNCTIVE IN MAIN CLAUSES AND IN REPORTED SPEECH

4

Sometimes the subjunctive can be used in a main clause:

to imply doubt or supposition:

Che dormano tutti?	Are they all asleep?
Che l'abbia già saputo?	Did he know it already?
Che fosse vero?	Could it have been true?

or to express a strong wish for something to happen:

Che Dio ti benedica!	May God bless you.
Così sia!	So be it! Amen!
Se solo sapessi recitare!	If only I could act!

In some cases you can use the subjunctive in reported speech (after **dico**, **non so**, **non capisco**, **immagino**) instead of the indicative, to add a note of uncertainty:
Non so chi sia. I don't know who he might be.
Non so chi è. I don't know who he is.

Dicevano che fosse fascista. They said he may be a fascist.
Dicevano che era fascista. They said he was a fascist.

Non sapevo che cosa avesse fatto.
I didn't know what he might have done.
Non sapevo che cosa aveva fatto.
I didn't know what he had done.

Quiz exercise

Now, to familiarise yourself with the subjunctive, try this quiz, adapted from a student magazine. Answer the 10 questions about yourself aloud, using the correct form of the verbs, then circle the appropriate letter on the scorecard which you will find after this test (page 86). Does the profile given at the end of the **risultati del test** match your own view of yourself?

E se ... : Avete fiducia in voi stessi?

Avere fiducia in voi stessi e sentirsi sicuri di sè e all'altezza delle situazioni è molto importante per affrontare la vita con energia e ottimismo:

1 **Se rimaneste da soli:**

   a) leggereste o fantastichereste per i fatti vostri

   b) non potreste fare a meno di telefonare a qualcuno

   c) ne approfittereste per mettere in ordine la casa

2 **Se immaginate un albero, vi appare:**

   a) piccolo, sottile, di giovane età

   b) malato

   c) piantato in un terreno impervio e difficile

3 **Se uno sconosciuto seduto a un tavolo accanto a voi al ristorante vi offrisse da bere che cosa fareste?**

   a) brindereste insieme a lui

   b) rifiutereste il suo invito

   c) rimarreste sorpresi e imbarazzati, non sapendo cosa rispondere

4 **Se vi trovaste in una situazione difficile vi sentireste:**

   a) completamente persi

   b) un po' preoccupati, ma fiduciosi di farcela

   c) molto a vostro agio: i problemi vi stimolano

5 **Se aveste appena aggiustato una sedia che cosa pensereste:**

a) che si romperebbe sicuramente di nuovo

b) che probabilmente si romperebbe di nuovo

c) che siete veramente bravi!

6 **Se un vostro amico fosse notevolmente in ritardo che cosa pensereste?**

a) 'me ne vado!'

b) che potrebbe essergli successo qualcosa

c) che è una bella seccatura!

7 **Se non volete dimenticare il nome di un libro:**

a) ne ripetete più volte il titolo

b) ve lo mettete per iscritto

c) non avete mai difficoltà a ricordarvi le cose

8 **Se un amico si comportasse male verso un altro che cosa fareste?**

a) lascereste correre

b) lo critichereste

c) lo critichereste e pensereste che non potrebbe più esser vostro amico

9 **Se foste in cima ad una torre che cosa fareste?**

a) non guardereste di sotto – avreste le vertigini

b) sareste affascinati dal panorama

c) avreste un po' paura e stareste attenti a non sporgervi troppo

10 **Se una persona anziana avesse difficoltà ad attraversare la strada voi:**

a) la aiutereste senza indugiare

b) rimarreste in dubbio

c) continuereste per la vostra strada

4

RISULTATO DEL QUIZ

	a	b	c
1	10	0	5
2	10	0	5
3	5	10	0
4	0	5	10
5	0	5	10
6	10	5	0
7	5	0	10
8	0	10	5
9	0	10	5
10	10	0	5

PROFILI

A TIPO INSICURO (da 0 a 49 punti)
Siete una persona molto insicura: avete scarsa fiducia in voi stessi e cercate la costante approvazione degli altri per ogni decisione e azione che dovete intraprendere.

B TIPO INCOSTANTE (da 50 a 64 punti)
Siete un tipo incostante; la vostra sicurezza è un po' precaria. In alcuni momenti vi lasciate prendere dallo sconforto e dalla sfiducia, convinti di non potervela cavare da soli; un momento dopo, tuttavia, riuscite a trovare la fiducia necessaria per affrontare le difficoltà.

C TIPO SICURO (da 65 a 76 punti)
Siete un tipo abbastanza sicuro: sapete utilizzare sempre al meglio una buona dose di fiducia e di sicurezza in voi stessi, anche se non mancano momenti di dubbio in cui avreste bisogno dell'approvazione degli altri.

D TIPO MOLTO SICURO (da 77 a 100 punti)
Siete estremamente sicuri di voi. Anche le situazioni più difficili non vi creano alcun problema, vi trovate sempre all'altezza di tutto. Non sembrate avere mai dubbi nè cercate l'approvazione degli altri.

Exercise 44

Complete the following sentences using the correct form of the imperfect subjunctive:

1 Studierei di più se … [avere] più tempo.
2 Andrei al cinema più volentieri se i film … [essere] più interessanti.
3 Preferirei che voi … [venire] da soli.
4 Mi piacerebbe vedere il film di Bertolucci se non … [finire] così tardi.
5 Se … [stare] in casa tutto il giorno, diventerei matta!

4

TEXT 1

La vita mondana: I Carontini

This 'mythological guide' to Roman nightlife is taken from a short story by Sandro Veronesi (born in 1959). It is from his book *Gli sfiorati* – published in 1990 – in which he describes the lives of young people and their parents who lead their rather superficial and materialistic existence barely touched (**sfiorati**) by life.

Nelle fredde notti d'inverno il centro di Roma diventa lugubre come lo Stige, e vi si aggirano solo ombre intirizzite o tetre bande di giovani senza speranza. La città rincasa, per così dire, e la vita mondana si ritira nei locali. Alcuni di questi, per selezionare la clientela si dotano però di un sistema di filtri, dal biglietto d'ingresso esageratamente caro fino all'arbitraria discriminazione fra le facce che si accalcano contro la porta d'ingresso. Generalmente, quanto più sono ambiti questi locali, tanto più si fanno selettivi, e quanto più si fanno selettivi, tanto più sono ambiti. Avervi accesso diventa pertanto un privilegio.
   I Carontini sono esseri seppelliti dalla solitudine, disdegnati dalle donne e derisi dagli uomini, il cui unico titolo di nobiltà, ottenuto a chissà quale prezzo, consiste

proprio nel diritto d'accesso in questi locali esclusivi, con facoltà d'introdurvi anche gli amici. Ma i Carontini non hanno amici.

Fanno semplicemente la spola come navette, ogni notte, tra i più affollati luoghi di ritrovo, raccogliendo persone e traghettandole nei locali, in cambio di un po' di compagnia. La loro speranza di imbattersi, prima o poi, in qualcuno che diventi loro amico o in qualche ragazza che si innamori di loro è inestinguibile. [...]

Di Carontini veri e propri ce ne sono pochi, perchè la maggior parte dei disperati che avrebbero i requisiti per diventarlo preferiscono rinunciare alla vita mondana, piuttosto che accettare questa infima condizione. A servirsene invece sono in parecchi, poichè fanno risparmiare denaro e discussioni con i buttafuori.

Espressioni come 'Prendiamo il primo Carontino' per la tal discoteca sono abbastanza diffuse tra i nottambuli... Tuttavia, pur ricorrendo a tanti loro servigi nessuno riflette sul fatto che se quelli sono Caronte, allora i posti dove trasportano le persone ... sono le bolge dei dannati; e che, fra sè e sè, il Carontino potrebbe sussurrare a chi lo sfrutta:

'Non isperate mai veder lo cielo

io vengo per menarvi all'altra riva

nelle tenebre eterne, in caldo e in gelo.' (Inferno, Canto III)

Ma i Carontini non hanno tempo di leggere Dante, li sfianca troppo il trottar vano...

NEW WORDS

intirizzite	stiff
tetre	gloomy
rincasa	goes back home
vita mondana	social life
si dotano	are equipped
ambiti	sought after
pertanto	nevertheless
traghettandole	ferrying them
imbattersi	to meet (by chance)
inestinguibile	unquenchable

infima	lowest/base
buttafuori	bouncer
nottambuli	nightbirds
servigi	favours
sfrutta	exploits
sfianca	exhausts
trottar vano	useless running

NOTES

1 **Carontini:** Charon-like characters/modern Charons
   Caronte (Charon) was the mythological ferryman who carried the souls of the dead across the river Styx into the underworld. Dante's description of him is given in the **terzina** at the end of this passage.

2 **Stige:** Styx, one of the rivers of the underworld

3 **locali:** [*lit.*] rooms. In modern Italian it is also used to describe public places: clubs, discos, bars
   luoghi di ritrovo – ritrovi: haunts, meeting places
   Locali and **ritrovi** have similar meanings, **locali** being more generic. Both are commonly used in spoken Italian.

4 **spola:** [*lit.*] shuttle; **far la spola:** to go back and forth

5 **Inferno Canto III**
   In the third Canto Dante describes Charon ferrying people across the river Styx. In the lines quoted here, it is Charon speaking.

6 **tenebre eterne:** the everlasting shadows [of death]

7 **bolge dei dannati:** the circles of hell
   This is where, according to Dante, the damned are ferried by Charon.

4

Exercise 45

After reading or listening to Text 1 and learning the new words and expressions, answer these questions :

1 Alla notte dove si fa la vita mondana a Roma?
2 I 'locali più ambiti' come selezionano la clientela?
3 Perchè i Carontini continuano ad accettare questa loro 'infima condizione'?
4 E perchè i nottambuli si servono dei Carontini?
5 Dove trasporterebbe le persone il vero Caronte?
6 Quali espressioni nel testo descrivono l'aspetto infernale della vita mondana di Roma?

Exercise 46

Imagine that you are arranging an evening out with an Italian friend while you are on holiday at Lake Garda:

Amico   Cosa ne dici, usciamo stasera?

You   ....
[I'd love to, but I don't want to spend too much. What could we do?]

Amico   E se andassimo sul lungolago? Magari troviamo Marco e la compagnia e potremmo andare insieme a prendere una pizza o provare la nuova discoteca.

You   ....
[OK, but I'd rather go for the pizza. Could you wait until I change?]

Amico   Certo, guarda, ti aspetto al bar qui sotto e se dovesse telefonare Luisa, le diresti che non sai dove sono?

You   ....
[So I'll have to lie for you? Let's hope she doesn't phone. ..]

Amico   Sei proprio gentile; per ricambiare vuoi che ti ordini qualcosa al bar?

You	....
	[Yes, please. *Could you get me a glass of beer?*]
Amico	Come no? Ma mi raccomando cerca di sbrigarti se no non facciamo in tempo a vedere gli altri.
You	....
	[Five minutes at the most, unless Luisa phones, of course ...]

TEXT 2

4

Il miracolo economico

This passage on the consequences of Italy's economic miracle of the 1960s is adapted from a magazine article:

Se si volesse fissare una data per quello che è stato definito il 'miracolo economico' in Italia bisognerebbe scegliere il 1960. Fu quello infatti l'anno pieno: aumento del reddito nazionale, visibile diffusione del benessere nel ceto medio, ingresso nelle famiglie dell'elettrodomestico (televisori, aspirapolvere, frigoriferi, lavastoviglie, lavatrici), massima espansione dell'automobile. E soprattutto, assieme a questi fenomeni di consumo di massa, c'era stato anche un accrescere degli investimenti produttivi e la pratica scomparsa della disoccupazione. Non era mai accaduto in Italia che l'esercito di riserva, l'esercito dei disoccupati, fosse assorbito nel ciclo produttivo.

In quel periodo il nostro paese entrò stabilmente a far parte del gruppo degli 'industrializzati', perdendo i suoi tradizionali connotati prevalentemente contadini. Di qui ci sono stati altri effetti collaterali ma della massima importanza: un rapido incremento della popolazione urbana, specie nei grandi centri industriali, un aumento del tempo libero e con l'aumento del tempo libero e della prosperità più gente che va al cinema, a teatro e spende soldi nel campo ricreativo.

Questo era un grande periodo di ottimismo e di

rinascita, cominciato nel triangolo industriale di
Milano–Torino–Genova ma che poi si era esteso lungo
l'autostrada fino a Venezia, Bologna e Ravenna. Negli
anni settanta ci fu una lunga serie di crisi e questo tessuto
industriale sembrava che stesse per lacerarsi, ma
fortunatamente la cosiddetta economia del 'sommerso'
aiutò enormemente a superare la crisi.

NEW WORDS

reddito	income
benessere	standard of living
ingresso	entrance, appearance
pratica	virtual
stabilmente	permanently
connotati contadini	rural base/rural connotations
lacerarsi	to tear/come apart

NOTES

1 **ceto medio:** middle classes
   Rather formal Italian; in everyday Italian:
   borghesia.
2 **elettrodomestico:** household appliances
   This generic word for all electrical domestic
   appliances is also commonly used when speaking.
3 **scomparsa della disoccupazione:**
   diasappearance of unemployment
   Many Italian novels, films, political and cultural
   debates are still based on this so-called 'economic
   miracle' in the North, mainly sustained by poorly
   housed and poorly paid immigrants from the South.
4 **incremento della popolazione urbana:**
   increase in the urban population
   Turin, for example, increased to almost twice its
   original population in the 1960s.
5 **campo ricreativo:** field of entertainment
6 **economia del 'sommerso':** hidden economy

Exercise 47

Read these statements on 'Il miracolo economico' and say whether they are true or false, **vero o falso**:

1 L'Italia entrò nel gruppo degli industrializzati negli anni '60.
2 Con l'aumento del tempo libero gli italiani spendono più soldi per divertirsi.
3 La peggior crisi economica fu negli anni '60.
4 La disoccupazione in Italia non è mai scomparsa
5 L'aumento della popolazione nelle città è stata una diretta conseguenza del miracolo economico.

Exercise 48

Answer these questions, as in the example, using the subjunctive and the conditional:

Parti domani? Non vai alla Scala?

Partirei domani se non andassi alla Scala.

1 Prenoti tu i posti? Il teatro non è troppo lontano?
2 Vai in platea? Non costa troppo?
3 Prendi un aperitivo? Non hai fretta?
4 Vieni con noi? Non devi lavorare sabato?
5 Leggi quel romanzo di Buzzati? Non lo trovi difficile?

CONVERSATION 2

Il doppiaggio

This conversation is adapted from an interview conducted by Carla, a journalist interviewing an Italian actor, Gianni Amati, who dubs famous American and English actors:

CARLA Il doppiaggio quando è cominciato in Italia?

GIANNI Si può dire che sia cominciato col neorealismo, con De Sica e Rossellini e poi anche Fellini.

CARLA Ma questi erano registi italiani che usavano attori italiani...

GIANNI In realtà usavano attori presi dalla strada, e spesso non usavano neppure la sceneggiatura, facevano recitare agli improvvisati interpreti filastrocche, numeri, qualsiasi cosa che gli facesse muovere le labbra.

CARLA Ma come facevano a eliminare rumori, e soprattutto a sincronizzare il suono con l'azione?

GIANNI Questo lo facevano in sala doppiaggio, dove registravano anche il dialogo, usando attori professionisti.

CARLA Ma adesso che i registi italiani usano attori professionisti per i loro film non è più necessario doppiarli?

GIANNI In alcuni casi lo fanno ancora, ma io adesso doppio soprattutto attori stranieri.

CARLA C'è chi sostiene che sarebbe meglio se gli spettatori vedessero il film nell'edizione originale...

GIANNI Se il doppiaggio è fatto bene, permette allo spettatore di apprezzare di più non solo le immagini ma anche il dialogo del film.

CARLA Purchè la traduzione sia fatta bene.

GIANNI Certo, ma adesso in Italia siamo diventati i più famosi doppiatori del mondo. E se paragonasse certi film con didascalie con la nostra versione doppiata, realistica e fedele all'originale, sono sicuro che sarebbe d'accordo con me.

CARLA Effettivamente ho visto alla Società per cui lei lavora che fate un ottimo tirocinio.

GIANNI Si, impariamo a immedesimarci nel personaggio, a ricreare con la voce le emozioni e a ripetere ogni battuta del dialogo fino a che non ci sia una perfetta sincronizzazione tra le labbra dell'attore o attrice sullo schermo e chi li doppia. Tutto questo richiede ore e ore di lavoro, al buio, davanti a un leggio nella sala di registrazione.

NEW WORDS

doppiaggio	dubbing
doppiare	to dub
registi	film directors
sceneggiatura	script
filastrocche	nursery rhymes
registravano	taped
paragonasse	compared
didascalie	subtitles
immedesimarci	get into character
personaggio	character
schermo	screen
leggio	lectern
sala di registrazione	recording studio

NOTES

1 **neorealismo:** the postwar period in Italian film making, when directors like Rossellini and De Sica made films about everyday life, often with non-professional actors

2 **professionista:** professional (adjective and noun)
Examples: **Mario è un vero professionista.**
Mario è un cantante professionista.

3 **se è fatto bene ... permette** (present indicative)
se paragonasse ... sarebbe d'accordo
(subjunctive and conditional)
Note the different use of **se**. In the first sentence Gianni states what he considers a fact. In the second he suggests that Carla should compare dubbed to non-dubbed films and then she would, in his opinion, agree.

4 **labbra:** lips [f. plural]; **labbro:** lip [m. singular]
Note the irregular plural and the change of gender. This applies to most parts of the body. See also *Hugo Italian in Three Months*, page 138.

5 **chi:** those who
See Section 3, pages 39–40, on the use of **chi**.

Exercise 49

Read or listen carefully to Conversation 2, then answer these questions:

1 In Italia ai tempi di Rossellini, de Sica e Fellini, il doppiaggio si usava solo per i film stranieri? Perchè?

2 Qual era il periodo del neorealismo nel cinema italiano?

3 A sentir Gianni, è meglio doppiare un film o mettere le didascalie?

4 Che cosa imparano i doppiatori durante il loro tirocinio ?

Exercise 50

Complete these sentences using the correct form of the imperfect subjunctive:

1 Se ... (potere) scegliere io il protagonista sceglierei Gassman.

2 Se le attrici italiane ... (essere) tutte brave come Anna Magnani non ci sarebbe bisogno di doppiarle.

3 Io preferirei che questi film giapponesi ... (avere) le didascalie.

4 Siamo andati a vedere diversi film italiani benchè i film americani ... (dominare) lo schermo.

5 Non sapevo che Fellini ... (avere) contribuito al film *Roma città aperta*.

6 Le comparse [film extras] pensavano che il regista le ... (volere) in costume moderno.

7 Da giovani andavamo a teatro malgrado i biglietti ci ... (costare) così cari.

8 Quella commedia di Dario Fò ha avuto un successo enorme malgrado i critici la ... (criticare) molto.

9 Dicono che la Callas non ... (concedere) mai il bis.

10 Era una buona idea che al festival di Venezia si ... (fare) vedere tutti i film di Fellini.

Exercise 51

Answer these questions using **no, non credo che** + imperfect subjunctive, as in this example:

La guardia parlava italiano? →
No, non credo che parlasse italiano.

1 La sua famiglia abitava a Roma?
2 I film stranieri erano doppiati?
3 Quel locale faceva pagare l'ingresso?
4 I teatri costavano molto a Milano?
5 La televisione mostrava molti film stranieri?

4

CONVERSATION 3

Un'intervista con Vittorio Gassman

In this interview a journalist (LG) discusses with actor Vittorio Gassman – then in his 70s but still acting – his successes and failures on the stage and screen:

GASSMAN   Analizzandomi, in fondo mi son convinto di non essere nato per fare l'attore, il mio ingresso nel mondo del teatro non è stato naturale, tanto è vero che è stata mia madre a volerlo. Qualità per recitare ne avevo ma, a differenza di quanto si crede, io sono in realtà un introverso, un vigliaccone timido, una fragile mammoletta. Il contrario di ciò che si richiede a un attore teatrale, una professione che non mi appartiene del tutto.

LG   Basta col teatro?

GASSMAN   Al momento escludo l'ipotesi di riprendere a girare l'Italia in tournée. Dopo averlo fatto per 50 anni non ne ho più voglia. Mi piacerebbe invece recitare in un film, sono quattro anni che non annuso l'aria di un set.

LG	Rimpianti?
GASSMAN	Nel privato nessuno: sono felice così... Nel lavoro, forse l'unico rimpianto è quello di non aver ancora interpretato un Re Lear.
LG	Cosa non rifarebbe?
GASSMAN	Nella vita ho avuto la fortuna di aver anche diversi insuccessi. In teatro non tanti... Al cinema invece ho interpretato circa 130 film di cui una settantina almeno da buttar via. Ma anche in questo caso mi reputo fortunato. Non fare errori è un brutto segno. Vuol dire che uno si accontenta di cose tranquille, va sul sicuro e, non accettando le sfide, non matura.

4

NEW WORDS

annuso	I sniff
rimpianti	regrets
non rifarebbe	you would not repeat
insuccessi	flops
sfide	challenges

NOTES

1   **tanto è vero che:** and in fact
2   **qualità:** qualities
    All words ending with an accent remain
    unaltered in the plural.
3   **vigliaccone ... mammoletta:** big coward, little
    violet
    The two suffixes (see also Section 7, page 73) are
    used by Gassman to emphasize his ironical/self-
    mocking remark.
4   **dopo averlo fatto:** after doing
    Note that in Italian 'after' followed by a verb is
    always translated by **dopo** + past infinitive (see
    also Section 22, page 157).

Exercise 52

Read and listen carefully to Conversation 3 – the interview with Vittorio Gassman – and then answer these questions:

1 Gassman si considera nato per la carriera di attore? Perchè?
2 Perchè non vorrebbe più andare in tournée?
3 Ha rimpianti per quanto riguarda il lavoro?
4 Gassman pensa che non fare errori sia un buon segno?

TEXT 3

4

Gli italiani e la lettura

This passage has been adapted from an article published by the newspaper *La Repubblica*. It compares the number of readers of newspapers, books and magazines in Italy, France and Spain.

È uscita recentemente un'indagine su quello che si legge in Italia rispetto alla Francia e alla Spagna. È interessante notare che in tutti e tre i paesi dal 90% al 97% delle famiglie hanno la televisione. È altrettanto importante notare che il numero di persone che leggono più libri e più riviste specializzate si trova nel ceto medio tra chi ha una laurea, mentre tra chi ha solo un diploma della scuola d'obbligo la percentuale è solo del 29%.

Poco più della metà degli italiani legge abitualmente un quotidiano; particolarmente umiliante il paragone con la Spagna dove la quota è invece del 64%. Scarsa consolazione offre il marginale aumento dei lettori dei periodici e delle riviste specializzate.

	Italia	Francia	Spagna
	%	%	%
Giornali quotidiani	56	41	63
Due o più quotidiani	13	8	14
Rivista settimanale	45	39	31
Due o più riviste settimanali	25	22	11
Riviste specializzate	27	27	13
Giornali/riviste stranieri	4	6	3
Romanzi e poesie	42	65	35
Saggistica	25	18	14
Fumetti	25	44	18
Libri gialli	19	45	16

NEW WORDS

indagine	survey
rispetto a	compared to
ceto medio	middle class
quotidiano	daily
periodici	magazines
saggistica	non-fiction

Exercise 53

After reading Text 3, answer these questions based on the statistics printed with the article:

1 Chi legge più quotidiani?
2 Chi legge più romanzi e poesie?
3 Chi legge più riviste?
4 Chi legge meno quotidiani di tutti?
5 Leggono più fumetti in Francia o in Italia?

E adesso fate voi un po' di ricerca:

6 Che tipo di pubblicazioni sono: *Topolino, l'Unità* e *il Corriere della Sera*?

Exercise 54

You want to change your lifestyle, or at least would like to if only … Inject a note of wishful thinking into these sentences by changing the verbs into subjunctive and conditional as in the example:

Se piove mi bagno. → Se piovesse mi bagnerei.

1 Se non devo uscire, posso finire quel romanzo di Umberto Eco.
2 Se non sto in casa, non guardo la televisione.
3 Se leggo più giornali, mi metto più al corrente con quel che succede.
4 Se la nostra famiglia ha il videoregistratore, i bambini vanno a letto troppo tardi.
5 Se la commedia non è troppo lunga, ci porto anche i miei figli.

Now try and find your own answers to the following questions on 'what you would do if …?' As everyone's answers will be different, you won't find these in the Key to the Exercises. But whatever answers you come up with, don't forget to use the conditional.

Che cosa farebbe se …

Se Le regalassero 10.000 euro?
Se mancasse l'elettricità per 24 ore?
Se Le proponessero una parte in un film?
Se fosse primo ministro?

Exercise 55

Join these sentences using the conjunction given, remembering to put the verb in the correct tense of the subjunctive as in the example:

I film di Sergio Leone erano girati in Italia ... erano ambientati in America. [sebbene] →
I film di Sergio Leone erano girati in Italia sebbene fossero ambientati in America.

1 Non posso andare in quel locale ... tu ci vai con me. [a meno che ... non]
2 La Callas recitava e cantava senza occhiali ... era molto miope. [benchè]
3 I critici hanno molto criticato la nuova Tosca ... cantava Pavarotti. [malgrado]
4 I ragazzi vanno al liceo musicale a 13 anni ... superano l'esame d'ammissione. [purchè]
5 Verdi divenne il simbolo del Risorgimento ... le autorità avevano spesso messo al bando le sue opere. [nonostante]

Lesson 5

The theme of this lesson is health and well being – 'la salute e il benessere'. The lesson includes texts and conversations about:
- a variety of ailments and feelings
- a medical examination
- herbal medicines and spas

You will learn how to:
- express comfort/discomfort
- describe symptoms and diseases
- complain about pain and discomfort

Language points covered will include:
- use of direct, indirect and disjunctive object pronouns
- uses of 'fare' and 'farsi' + infinitive
- use of reflexive form of Italian verbs
- verbs followed by double pronouns

5

CONVERSATION 1

Ricordati la medicina!

This conversation is taken from *Una volta qui era tutta campagna* written in 1994. The author, Fabio Fazio, born in 1964, also writes for newspapers, magazines and television. The book is a collection of conversations among strangers on an Italian train. Each conversation is like a 'waterfall of clichés, observed with wicked candour'. Health, as you can see here, is one of the favourite topics of conversation in Italy – as it is everywhere. The language used reflects perfectly the way people talk today. The speakers are Antonio, his wife ('Moglie'), and another woman ('Vedova').

MOGLIE Ricordati la medicina, Antonio
ANTONIO Che ore sono?
MOGLIE È l'ora.
ANTONIO Queste medicine! Non si finisce mai! E ce le fanno pure pagare care!

VEDOVA	Con tutto quello che abbiamo dato allo Stato, lo Stato non ci dà niente.
ANTONIO	Dopo una vita di lavoro!
MOGLIE	Vergogna!
VEDOVA	Mio cognato, non so come ha fatto, non ha mai lavorato eppure prende la pensione!
ANTONIO	Beato lui!
MOGLIE	Hai preso le pastiglie?
ANTONIO	Sì.
VEDOVA	Che problemi ha?
ANTONIO	Circolazione… Niente di grave.
VEDOVA	Sì, ma si faccia vedere: non bisogna mai sottovalutare anche i sintomi più insignificanti!
MOGLIE	Ha ragione signora. Glielo dica lei che quando parlo io fa finta di non sentire. Mio marito crede ancora di essere un ragazzino.
VEDOVA	Non abbiamo più vent'anni.
MOGLIE	Vent'anni si fanno una volta sola.
	[…]
ANTONIO	Io sono sano come una pesce. Ho solo qualche disturbo di circolazione.
VEDOVA	Può essere una spia.
MOGLIE	Un campanello d'allarme.
VEDOVA	La circolazione è importante: e il sangue, è tutto.
MOGLIE	Si trascura.
VEDOVA	Non si trascuri! Fa almeno un po' di sport?
MOGLIE	Non fa niente; è sempre stato pigro.
ANTONIO	Vado a cercare l'acqua per la pillola.
MOGLIE	Facciamo tutti una vita sedentaria.
VEDOVA	Troppo.
ANTONIO	Siamo tutti grassi.
VEDOVA	Gli americani sono addirittura obesi. […]
MOGLIE	Basta vedere nei film tutte le porcherie che mangiano.
VEDOVA	Con la salute non si scherza.
MOGLIE	La vita è una sola!
VEDOVA	Una e basta: se lo ricordi!

vergogna	shame!
pastiglie	pills
fa finta	pretends
sano	healthy
sano come un pesce	as fit as a fiddle
disturbi	(medical) complaints

NOTES

1 **ricordati, se lo ricordi!:** remember!
  Note the position of the object pronouns: after
  the imperative in the familiar form, but before
  the imperative in the formal form (there is more
  on this in Section 12, page 110).

2 **ce le fanno pure pagare:** they even make us
  pay for them
  See more on **fare** + infinitive in Section 15,
  page 117.

3 **Beato lui!:** Lucky for him!
  Note the use of the disjunctive pronoun after the
  adjective:
  Beata te! Lucky for you.
  Fortunati loro! Lucky for them.

4 **niente di grave:** nothing serious
  Niente, like **molto, poco, qualcosa** takes **di**
  when followed by an adjective.

5 **porcherie:** rubbish
  Porcheria means literally 'dirt' or 'filth', and is
  used figuratively to describe anything that is
  disliked and, colloquially, for a 'dirty trick'.

5

Exercise 56

After reading and listening a few times to Conversation 1, answer these questions using object pronouns whenever possible:

1 Fanno pagar poco le medicine ad Antonio?
2 Chi dice di aver preso le pastiglie?
3 Che disturbi ha Antonio?
4 Perchè cerca l'acqua Antonio?
5 La moglie dove ha visto gli americani mangiare porcherie?
6 Chi dice ad Antonio che la vita è una sola?
7 Tra tutti i luoghi comuni di questa conversazione quale vi sembra il più banale?

11 USE OF OBJECT PRONOUNS

In Italian, personal object pronouns are used much more often than in English. In fact it is polite to use the equivalent of 'him'/'her' etc. even when in English it would not be. If you want to revise all direct, indirect and double pronouns see also *Hugo Italian in Three Months*, pages 89–90 and 114.

Below is a table of pronouns: subject ('I', 'you', etc); direct ('me', 'you', etc); indirect ('to me', 'to you', etc); disjunctive (after a preposition: 'with me', 'for me', etc); and double ('it/them to me', 'it/them to you', etc).

subject	direct	indirect	disjunctive	double
io	mi	mi	me	me lo, la, li, le, ne
tu	ti	ti	te	te lo, la, li, le, ne
lui	lo	gli	lui ⎱	⎰ glielo, gliela,
lei	la	le	lei ⎰	⎱ glieli, gliele, gliene
noi	ci	ci	noi	ce lo, la, li, le, ne
voi	vi	vi	voi	ve lo, la, li, le, ne
loro	li, le	gli/loro	loro	glielo ...

Indirect differ from direct object pronouns only in the third-person singular and plural forms.

When there are two pronouns together (again a common enough occurrence in Italian) the indirect pronoun is always first and the direct one follows.

Examples:

he/she sees <u>her</u> (direct)	**la vede**
she writes <u>to her</u> (indirect)	**le scrive**
he lives <u>with her</u> (disjunctive)	**vive con lei**
she writes <u>it to her</u> (double)	**gliela scrive**
he sends <u>them to us</u> (double)	**ce le manda (le lettere)**

There are some verbs which take an indirect object in Italian but not in English. The most common of these verbs are:

bastare to suffice/to last		**piacere** to like	
chiedere to ask		**rispondere** to answer	
dire to tell/say		**somigliare** to resemble	
dispiacere to be sorry		**telefonare** to phone	
far male to hurt/to be bad for		**volere bene** to love	

Examples:

Le voglio bene.	I love her.
Gli fa male il piede.	His foot hurts him.
Che cosa le hanno detto?	What did they tell you/her?
Gli telefono /telefono loro.	I am phoning them.

Exercise 57

Answer the questions by filling the gaps with the direct, indirect or disjunctive form of the pronouns instead of the words <u>underlined</u>:

1 Mario vuol bene <u>a Maria</u>? Sì, ... vuol molto bene.

2 Vieni con <u>tua madre</u>? Sì, vengo con ...

3 Telefoni <u>ai tuoi genitori</u>? Sì, ... telefono tutti i giorni.

4 Prendi tu <u>la macchina</u>? Sì, ... prendo io.

5 Resti <u>in casa</u>? Sì, ... resto

Exercise 58

Answer these questions using object pronouns
instead of the words underlined, as in the examples:

Porti tu <u>la ricetta</u>? →   Sì, <u>la</u> porto.
Porti la ricetta <u>a Carla</u>? →   Sì, <u>le</u> porto la ricetta.
Porti <u>la ricetta a Carla</u>? →   Sì, <u>gliela</u> porto.

1 Apri <u>la porta</u>?   Sì, ...
2 Apri la porta <u>ai miei amici</u>? Sì, ...
3 Apri <u>la porta ai miei amici</u>? Sì, ...
4 Ordini tu <u>le medicine</u>?   Sì, ...
5 Ordini le medicine <u>per noi</u>? Sì, ...
6 Ordini <u>le medicine per noi</u>? Sì, ...
7 Dici <u>la verità</u>?   Sì, ...
8 Dici la verità <u>all'infermiera</u>? Sì, ...
9 Dici <u>la verità all'infermiera</u>? Sì, ...

5

TEXT 1

Il cuore che trema

This passage is taken from *Mani vuote* by Saverio Strati
(1960) and describes the feelings of the 14-year-old narrator
for Margherita, a young country girl:

Ogni volta che la vedevo il cuore mi tremava. Veniva spesso
in campagna, al tempo delle olive. Ero felice di lavorare
accanto a lei che sempre aveva una parola da dirmi, un
discorso da farmi. Ma suo fratello era geloso di me e un
giorno vedendoci discorrere insieme molto amichevolmente
e senza alcuna malizia, trovò il modo di mandarmi via dalla
sua roba.
   'Non voglio vagabondi tra i piedi' mi gridò. 'Vattene,
vattene a casa tua!' Margherita impallidì: ed io mi presi la
giacca senza farmelo ripetere e me ne andai, col cuore
gonfio. Avevo già i miei quattordici anni e il cuore e la testa

mi erano già abbastanza caldi.

A Margherita spesso ripetevo delle poesie, che sapevo a memoria, e lei mi guardava con ammirazione, con gli occhi pieni di gioia. Un giorno mi disse che ero tanto buono e intelligente e mi fissò negli occhi; la vidi cambiare colore e mi sentii salire il sangue alla faccia, il cuore prese a balzarmi nel petto, come un agnellino, ed eravamo soli, io e Margherita.

NEW WORDS

discorrere	to chat
tra i piedi	in the way/underfoot
senza malizia	innocently
col cuore gonfio	with a heavy heart

NOTES

1 **Il cuore mi tremava:** *lit.* my heart trembled
   mi fissò negli occhi: she gazed into my eyes
   Note how a reflexive verb is used to translate an English possessive adjective (more on the use of reflexive verbs in Section 14, pages 115–116).

2 **da dirmi, da farmi, vedendoci, vattene**
   Note the use of object pronouns after infinitive, gerund and imperative (see Section 12, page 110). The construction **da** before an infinitive is quite common after **avere** but also after other verbs:
   Mi offriva da mangiare.
   She offered me something to eat.
   Mi porti (qualcosa) da bere.
   Bring me something to drink.

3 **roba:** property
   Roba is often used to describe possessions, 'things' in general:
   Quanta roba!
   What a lot of stuff/things etc.
   Quel negozio vende della bella roba.
   That shop sells a lot of good stuff.

5

4 **senza farmelo ripetere:** without getting him to repeat it for me
For the use of **fare** followed by an infinitive see Section 15, page 117.

5 **i miei 14 anni:** I was in my fourteenth year
The possessive (**miei**) is used to emphasize the protagonist's 'considerable' age. This occurs often in spoken Italian:
Avrà già i suoi sessant'anni!
She must be (at least) 60!

12 POSITION OF OBJECT PRONOUNS

Object pronouns are normally put <u>before</u> the verb:
Ce le fanno pagare.   They make us pay for them.
Non le ho scritto.   I did not write to her.

But with the infinitive, gerund, participle, and imperative (**tu, noi** and **voi** forms only), the object pronouns go <u>after</u> the verb, as you see in these examples:
Vado a trovarla in ospedale.
I'm going to see her in hospital.
Mandateglielo subito! Send it to them straight away!
Imparo la canzone cantandola.
I learn the song by singing it.
Diglielo! Tell him so! (*familiar*)

Remember that with the formal form (singular or plural) of the imperative, the object pronouns go before the verb, which is in fact a present subjunctive.
Glielo dica   Tell him so! (*formal*)
Mi facciano un favore! Do me a favour! (*formal*)

With modal verbs **volere, potere, dovere** followed by an infinitive, the object pronouns can either go before the modal verbs or at the end of the infinitive:
Voglio vederlo. or **Lo voglio vedere.**
Non ci sono potuto andare. or **Non sono potuto andarci.**

Exercise 59

Complete the following sentences which summarise
Text 1, using the correct form of the object pronouns:

Il protagonista racconta che il cuore ... tremava ogni
volta che vedeva Margherita e ... piaceva molto
lavorare accanto a ... perchè Margherita aveva sempre
una parola da dir... e un discorso da far... ma suo
fratello era geloso di ... Un giorno, vedendo...
discorrere insieme, ... aveva gridato di andar... Allora
lui aveva preso la giacca e ... ... era andato senza far...
ripetere. Aveva 14 anni e il cuore e la testa ... erano
abbastanza caldi. Quando lui ... ripeteva le poesie,
Margherita ... guardava con ammirazione, ... aveva
anche detto che era tanto buono e intelligente e poi
... aveva fissato negli occhi e lui ... aveva vista cambiar
colore e il cuore ... era balzato nel petto.

Exercise 60

Change these sentences by using object pronouns
instead of the words underlined. Remember to put the
pronouns in the correct position before or after the
verb:

1 Dobbiamo lasciare le ricette al farmacista.
2 Preferisco non vedere il dottore oggi.
3 Abbiamo solo due pastiglie.
4 Ha detto la verità a voi?
5 Volete mandare i soldi alla Mutua?
6 Non disturbare quei malati!
7 Capisco bene l'italiano e parlo l'italiano abbastanza
bene.
8 Spedite il conto alla mia compagnia
d'assicurazione!
9 Potresti portare mia madre in macchina?
10 Telefonate subito al dottore!

When there is a direct object pronoun before a verb in a compound tense with **avere**, then the past participle must agree in gender and number with the direct object pronoun:

Le ho viste.	I have seen them. [**le ragazze**]
Gliel'avevo mandata.	I'd sent it [**la lettera**] to her.
Me ne hanno dati tre.*	They have given me three [of them – **di cioccalatini**].

*Note that the past participle agrees with **ne** in gender and number.

Exercise 61

Answer these questions using object pronouns as in the example:

L'infermiera le ha fatto <u>un'iniezione</u>? → Sì, me l'ha fatta.

1 Allora hai confermato <u>la data a Maria</u>?
2 Hai mandato <u>il risultato al tuo medico</u>?
3 Hai chiesto <u>la diagnosi al chirurgo</u>?
4 Hai restituito <u>il giornale alla signora</u>?
5 Avete fissato <u>un appuntamento per mio figlio</u>?
6 Il dottore <u>ti</u> ha fatto <u>la visita</u>?
7 Il medico <u>vi</u> ha dato <u>il certificato</u>?
8 Hai dato <u>la lettera ai signori</u>?
9 Avete comprato <u>i cerotti per lui</u>?
10 Non ti sei accorto <u>di aver la febbre</u>?

Una bella notizia al Pronto Soccorso!

Laura fainted while shopping at the supermarket and has been taken to Accident and Emergency at the local hospital where a doctor takes her medical history:

MEDICO Mi dica che cosa le è successo.

LAURA Mah, ero al supermercato e all'improvviso non so se fosse il caldo o che, mi sono sentita mancare …

MEDICO Non si ricorda nient'altro? Aveva mangiato niente stamattina? Aveva dolori al ventre?

LAURA No, ma a dir la verità, avevo un po' di nausea al mattino e non ho fatto colazione. Mi girava la testa, ma non ci ho fatto caso. L'unica cosa che mi ricordo è che qualcuno mi aveva fatta sedere e mi hanno detto che avevano chiamato l'ambulanza.

MEDICO La signorina del supermercato ha detto ai barellieri che lo svenimento è durato solo pochi minuti, ma siccome lei era da sola hanno lo stesso chiamato l'ambulanza. Comunque è meglio che la visiti, ma non si preoccupi, il polso e la pressione sono normali e non ha la febbre. Ha avuto altri disturbi ultimamente?

LAURA No, non proprio veri disturbi, ma è da qualche settimana che mi pare di stancarmi più facilmente e ho avuto qualche giramento di testa, come le dicevo.

MEDICO Ha le mestruazioni regolari? Quando ha avuto l'ultima mestruazione?

LAURA Sei settimane fa, ma non mi vengono regolarmente ogni quattro settimane
[Il medico completa la visita]

MEDICO Mi dica, signora, è possibile che sia incinta?

LAURA Incinta? davvero? Beh, sì, speravamo proprio di avere un bambino, ma non pensavo che arrivasse così presto… Ma che bella notizia! È sicuro?

MEDICO Io direi di sì, ma naturalmente dobbiamo fare l'esame di gravidanza. Vada con l'infermiera che

le spiegherà cosa deve fare adesso e poi le
daremo subito il risultato.
[Dieci minuti più tardi]

MEDICO Adesso che sa la bella notizia, vuole che
telefoniamo a qualcuno che venga qui a
prenderla?

LAURA Grazie, se permette vorrei telefonare a mio
marito.

NEW WORDS

Pronto Soccorso	Casualty, A &E
sentita mancare	felt faint
dolore al ventre	abdominal pain
mi girava la testa	I felt dizzy
non ci ho fatto caso	I took no notice
barellieri	ambulance men
svenimento	faint
visiti	I examine
giramento di testa	dizzy spell
esame	test
incinta	pregnant
infermiera	nurse

NOTES

1 **mi sono sentita mancare, mi girava la testa:**
I felt faint, dizzy
Expressions a patient would use. A medical
description would be: **capogiro**, 'dizziness' and
svenire, 'fainting'.

2 **visitare** and **fare una visita:** to examine, to
conduct a (medical) examination

3 **vari esami:** several tests
Esame or **analisi** are used for medical tests:
esame/analisi del sangue, dell'urina:
blood/urine test
il test/esame di gravidanza: pregnancy test

Exercise 62

Read or listen a few times to Conversation 2, check Notes and New Words, then answer these questions:

1 Perchè Laura è stata portata al Pronto Soccorso?
2 Che disturbi aveva già da qualche settimana?
3 Il medico le ha controllato la pressione e la febbre?
4 Perchè Laura deve farsi fare un esame?
5 Qual'è la bella notizia per Laura e per suo marito?

14 USES OF REFLEXIVE VERBS

If you want to revise the conjugation of reflexive verbs see *Hugo Italian in Three Months,* pages 128–129.

Generally a reflexive verb in English is also reflexive in Italian:
divertirsi to enjoy oneself **farsi male** to hurt oneself

The reflexive form in Italian is used more than in English and it expresses an action which reverts to the subject even when the equivalent verb is not reflexive in English:

accorgersi	to notice	**pentirsi**	to repent
fermarsi	to stop	**ricordarsi**	to remember
innamorarsi	to fall in love	**sentirsi**	to feel
lamentarsi	to complain	**svegliarsi**	to wake up

Many reflexive verbs translate English expressions with 'to get':

arrabbiarsi	to get angry	**fidanzarsi**	to get engaged
annoiarsi	to get bored	**sposarsi**	to get married

Remember that in Italian a reflexive verb retains its reflexive form when it is followed by a direct object, while in English the reflexive form is often expressed by a possessive adjective:

Mi sono fatto male al braccio.   I hurt my arm.
Mi ero messo/a la giacca.   I put my jacket on.

The reflexive form, however, has other meanings too:

Many verbs can become reflexive in order to emphasize the speaker's involvement in the action:
Ci siamo comprati la macchina.
We bought ourselves a car.
Mi sono preparata la cena.
I prepared dinner [for myself].

Other non-reflexive verbs can become reflexive to express reciprocal action: '(to) each other/one another':
Si sono visti al caffè.
They saw each other at the cafe.
Ci parliamo in italiano.
We speak Italian to one another.

5 ___ Exercise 63 ___

Translate these sentences using Italian reflexive verbs:
1 I hurt my leg.
2 He put his shoes on.
3 We met (each other) at university.
4 Mary is feeling unwell.
5 Didn't she get annoyed with him?
6 Did you remember to take the medicine?
7 I felt dizzy and sat down.
8 Mary complained that she had stomachache. [mal di pancia]
9 When did they get engaged?
10 They got married and bought themselves a house in the country.

15 FARE + INFINITIVE

In Italian, the verb **fare** has many different meanings and uses (see also *Hugo Italian in Three Months*, page 161).

1 Fare + infinitive translates several English verbs used for 'getting things done' such as: 'to get, let, make, have' etc. The precise meaning, from <u>asking</u> to <u>commanding</u>, is often given by the context or by the tone of voice:

Mi faccia vedere!
Let me see/allow me to see/show me!
L'ho fatto fare su misura.
I had it made to measure.
Li ho fatti aspettare
I made them wait/I kept them waiting.
Gli fa fare i raggi.
He's sending him for an X-ray.

2 The reflexive form **farsi** is used when the action described reverts to the subject:

Mi faccio fare un vestito.	I have a suit made.
Non si sono fatti vedere?	Didn't they show up?

Note that when something is being <u>done</u> for you by somebody else, in Italian you need to use the verb **fare**, while its equivalent in English is often omitted:

Vi sieti fatti fare la ricetta?	Did you get the prescription?
Si fa dare il conto.	She is getting the bill.

16 VERBS FOLLOWED BY DOUBLE PRONOUNS

In spoken Italian certain verbs (such as **andare**, **avere**, **dare**, **fare**, **prendere**, etc.) change their original meaning when used with double pronouns. Here is a list of the most commonly used ones:

andarsene (*reflexive*)	to go away
avercela	to be angry with
cavarsela (*reflexive*)	to get out of a difficulty

darsele (*reflexive*)	to come to blows
darsela a gambe (*reflexive*)	to run away
dirsene di tutti i colori	to call each other names
farcela	to manage
fregarsene (*reflexive, vulgar*))	not to care
godersela (*reflexive*)	to have a good time
guardarsene (*reflexive*)	to beware, to avoid
infischiarsene (*refl., colloq.*)	not to care
intendersene (*reflexive*)	to be an expert
intendersela (*reflexive*)	to have an affair
mettercela tutta	to do one's best
prendersela (*reflexive*)	to take offence
vedersela brutta (*reflexive*)	to fear the worst

Examples:
Antonio ce l'ha con te. Antonio is annoyed with you.
Me ne infischio/ frego. I couldn't care less.
Se ne intende poco d'arte. He knows little about art.
Me ne guardo bene! I avoid it/keep well clear of it.

Exercise 64

Complete these sentences using the verbs given in brackets. Put the verbs into the **passato prossimo** and make sure that the ending of the past participle agrees with the direct pronoun used, as in the example:

Hanno litigato e … [darsele] di santa ragione. →
Hanno litigato e se <u>le</u> sono dat<u>e</u> di santa ragione.

1 È proprio una brutta malattia ma lui … [cavarsela].
2 Non capisco perchè tu … [prendersela].
3 Gli studenti … [mettercela] tutta.
4 Quando ho visto il risultato dell'analisi … [vedersela] brutta.
5 Quando è arrivata la polizia i ladri … [darsela a gambe].

Exercise 65

After reading carefully the advertisement for the *Elisir Depurativo Ambrosiano*, answer the questions that follow. First you'll need to study these new words:

benessere	well-being
in forma	into shape
mal di schiena	backache
gottosi	due to gout
piaghe	sores
ustioni	burns
ferite	wounds

Elisir depurativo Ambrosiano
Dolori articolari? Gambe gonfie? Cattiva circolazione? Digestione difficile?

Un bicchierino dopo i pasti è una sana abitudine. Ritrovare il benessere perduto è davvero importante per vivere bene, pensava Padre Ranieri, attivissimo sacerdote della Diocesi di Milano afflitto da disturbi di ordine fisico. Dopo attente ricerche, scoprì particolari erbe curative che trasformò in un elisir che lo rimise in forma in breve tempo. **Genziana, Ippocastano, Arnica, Amamelide, Iperico! Queste le erbe curative che da sempre fanno bene alla salute.** Ma quali sono queste Erbe dalle straordinarie proprietà?

La GENZIANA che favorisce l'appetito migliorando la digestione.
L'IPPOCASTANO che contribuisce a eliminare il gonfiore delle gambe regolarizzando la circolazione.
L'ARNICA che tonifica la pelle.
L'AMAMELIDE che aiuta ad alleviare mal di schiena, dolori muscolari e gottosi.
L'IPERICO che da sempre si rivela utile in caso di reumatismi, piaghe, ustioni, ferite.

1 Chi aveva scoperto l'elisir?

2 Che disturbi allevia l'Amamelide?

3 Quale erba serve a curare il gonfiore alle gambe?

4 A che cosa è utile l'arnica?

5 Quando si consiglia di bere l'elisir?

CONVERSATION 3

Aveva un brutto male?

More health matters with Fabio Fazio (see Conversation 1 in this lesson). On the train from Rome, two women (Signora 1 and Signora 2) and the husband of Signora 2 discuss life, death, illness … Their language is everyday language, with the usual commonplace expressions we all use, although perhaps not always in such profusion and with such humorous results:

SIGNORA 2 Lei ha qualcuno a Roma?

SIGNORA 1 No, sono andata al Ministero per la pensione di mio marito.

MARITO Io esco: vado in corridoio.

SIGNORA 2 Signora pensi che io un anno fa ho perso il papà, uno zio e una sorella. E la suocera.

MARITO Forse vado al vagone ristoro: volete qualcosa?

SIGNORA 1 Le disgrazie non vengono mai sole.

SIGNORA 2 Quando si inizia non si finisce più.

SIGNORA 1 Ma il marito è diverso.

SIGNORA 2 Lo immagino.

SIGNORA 1 Non si può immaginare.

SIGNORA 2 È tanto che è mancato?

SIGNORA 1 No, undici anni.

SIGNORA 2 Un brutto male?

SIGNORA 1 No.

SIGNORA 2 Infarto?

SIGNORA 1 No.

SIGNORA 2 Embolia?

SIGNORA 1 No.

SIGNORA 2 Leucemia?

SIGNORA 1 No.

SIGNORA 2 Era giovane?

SIGNORA 1 Cinquantadue.

SIGNORA 2 Incidente?

SIGNORA 1 No! Non si è mai capito. Si è ricoverato per dei disturbi e ci è rimasto.

SIGNORA 2 Destino.

SIGNORA 1 Destino: due mesi in ospedale.

SIGNORA 2 Ha sofferto?

SIGNORA 1 Tanto!

SIGNORA 2 Aveva capito?

SIGNORA 1 Tutto.

SIGNORA 2 Si lamentava?

SIGNORA 1 Mai.

SIGNORA 2 Era lucido?

SIGNORA 1 Lucidissimo!

SIGNORA 2 La morte più brutta.

SIGNORA 1 Quando era ormai agli ultimi giorni, ricordo ancora le parole che mi ha detto.

SIGNORA 2 Cosa le ha detto?

SIGNORA 1 'Sono i miei ultimi giorni.'

SIGNORA 2 Vedi, aveva proprio capito.

SIGNORA 1 Tutto!

SIGNORA 2 Non ci rendiamo conto di quanto siamo fortunati a star bene!

SIGNORA 1 Accanto al letto di mio marito c'era un uomo di 42 anni.

SIGNORA 2 Quarantadue?!?

SIGNORA 1 Da compiere.

SIGNORA 2 Cosa aveva?

SIGNORA 1 Fegato.

SIGNORA 2 Quando è il fegato non c'è più niente da fare. È morto?

SIGNORA 1 Morto.

SIGNORA 2 Era sposato?

SIGNORA 1 Sì.

SIGNORA 2 Aveva figli?

5

SIGNORA 1	No.
MARITO	Eccomi: non ho trovato il bar.
SIGNORA 2	In ospedale se ne vedono di tutti i colori.
SIGNORA 1	Si entra sani, si esce malati.
SIGNORA 2	Quando si esce!
MARITO	Ines, vado alla toilette.

NEW WORDS

disgrazie	misfortunes
vagone ristoro	dining car
è ricoverato	was admitted

NOTES

1 **disgrazie:** misfortunes
   Disgrazie describes a serious or even tragic piece of bad luck. '**Che disgrazia!**' is a suitably sympathetic reply to somebody else's tale of woe.

2 **ho perso, mi è mancata:** I lost [she died]
   In Italian as in English some people prefer to use euphemisms rather than words like **morte**, **morire**.

3 **compiere/compire:** *lit.* to complete
   compiere gli anni: to be ... years old
   Suo cognato compie 42 anni. Her brother-in-law is 42.

4 **brutto male:** serious illness
   Another commonly used euphemism, usually instead of **tumore** or **cancro**.

5 **se ne vedono di tutti i colori:** one sees all sorts of things
   Di tutti i colori is used after **dire**, **fare**, **sentire**, etc.
   Ne ha fatte di tutti i colori. She was up to all sorts of mischief.

6 **Si entra sani, si esce malati:** One goes in healthy and comes out ill

Note that when used after the impersonal form
si, all adjectives must be in the plural:
Si diventa ricchi. You get rich.

Exercise 66

Translate these sentences using expressions from
Conversation 3:

1 He drives so fast, sooner or later he'll have a
   serious accident.
2 I'll be 30 next Tuesday.
3 I lost a sister and a brother-in-law last June.
4 I heard all sorts of things about [su] your new
   boss.
5 He died of a heart attack.
6 We don't realise how lucky we are to be so
   healthy.

5

Read the description of Fiuggi in this advert and then answer the questions that follow:

E pensare che qualcuno viene a Fiuggi solo per l'acqua

Che peccato. Non tanto godersi l'acqua di Fiuggi, da cui per secoli hanno attinto salute papi e artisti come Michelangelo e Trilussa; quanto perdersi l'arte, la natura incontaminata, gli sport da praticare tutto l'anno. Perdetevi nei vicoli silenziosi di un centro storico millenario. Percorrete a piedi o a cavallo i sentieri che si addentrano nei boschi verdissimi.

Calpestate il *green* di un campo da golf dove, per non alterare la purezza delle sorgenti d'acqua, l'erba ignora i prodotti chimici. Apprezzate la sua grande tradizione in cucina. E alla sera, a teatro, godetevi il concerto di un grande violinista. Fiuggi è tutto questo: il posto ideale per un week-end romantico o per una vacanza in famiglia. A meno di un'ora da Roma, a pochi minuti da altri centri ricchi d'arte e di storia, come Anagni e Alatri.

Quando vi chiederanno perchè andate a Fiuggi, non saprete da dove incominciare. Per saperne di più, telefonate al numero 0775 50 93 20.

Now decide whether these statements are true or false (**vero o falso**):

1 L'acqua minerale di Fiuggi è famosa da un secolo.

2 A Fiuggi si può giocare a golf e andare a cavallo.

3 Fiuggi è nell'Italia meridionale.

4 Il centro storico di Fiuggi ha mille anni.

5 A Fiuggi si fanno sport da gennaio a dicembre.

Lesson 6

The theme of this lesson is the environment – 'l'ambiente'.
The lesson includes texts and conversations about:
- *the flooding of Florence in 1966*
- *how to deal with mosquitoes without using insecticides*
- *attitudes to animal rights and to sunbathing*
- *urban development and the changes it has brought to modern Italy*

You will learn how to:
- *discuss issues*
- *describe places and past events*
- *offer and seek opinions*

The language points include:
- *regular and irregular forms of the 'passato remoto'*
- *use of past tenses: 'passato prossimo', 'passato remoto' and 'imperfetto'*
- *use of 'si impersonale' and 'si passivante'*

TEXT 1

6

L'inondazione di Firenze

Una grande calamità si abbattè il 4 novembre 1966 su Firenze con la disastrosa inondazione da parte delle acque dell'Arno. Era la sessantesima inondazione dalla prima ricordata storicamente nel 1177 e la maggiore che la città abbia sofferto nel corso dei secoli.

L'altezza massima che le acque raggiunsero nel novembre 1996 si ebbe in via dei Conciatori nel quartiere di Santa Croce, nella parte più bassa della città, con un'altezza di 5,20 metri. Ma nel Museo dell'Opera di Santa Croce – dove si conservava il crocefisso di Cimabue insieme con tante altre opere d'arte – l'acqua raggiunse l'altezza di m. 5,85.

L'inondazione giunse assolutamente imprevista e colse, improvvisa, una città che a tutto avrebbe potuto pensare fuorchè al pericolo di acque dilaganti, di cui il ricordo più recente risaliva a ben centoventidue anni prima. Si credeva che simili catastrofi appartenessero esclusivamente ai tempi passati, che facessero parte di ricordi storici da leggersi nelle allucinanti cronache del tempo. L'acqua cominciò a superare in alcuni punti le spallette dei lungarni alle 5,30 della mattina, mentre gli abitanti erano ancora immersi nel sonno; ma il grande straripamento avvenne due ore dopo. E per nove ore fu un continuo aumentare del livello delle acque, un sempre maggior estendersi della zona allagata, uno scomparire, in un sudicio vorticoso gorgo, di tutto ciò che vi era nelle strade. Dalle 2,30 alle 3 pomeridiane non vi fu più aumento delle acque; poi, dopo una mezz'ora in cui si ebbe una minima diminuzione, il defluire fu rapidissimo. Alle sette non restava per le strade che melma, nafta e rovine di ogni genere.

Immensi furono i danni alle opere d'arte. La vittima più illustre della tragedia fu la perdita della maggior parte della superficie dipinta del Crocefisso di Cimabue, ma altri dipinti dovranno pur sempre mostrare lacune gravissime e venne distrutto completamente una gran numero di opere d'arte minore e molti insostituibili documenti della cultura.

A tale rovina non si è potuto rimediare che in parte, non pochi decenni ci vorranno prima che si possano restaurare, nei limiti del possibile, tutte le tavole, le tele, le opere d'arte in genere, il materiale bibliografico, le carte di archivio.

6

NEW WORDS

si abbattè	fell
raggiunsero	reached
giunse	arrived
colse	took
dilaganti	overflowing
risaliva	dated back
allucinanti	bewildering
spallette	banks
sudicio	filthy
gorgo	whirlpool
defluire	flowing down
melma	mud
nafta	oil
superficie dipinta	painted surface
insostituibili	unique
non pochi	quite a few

NOTES

1   Note how the **passato remoto – abbattè, raggiunsero**, etc. – is used throughout, to describe something that happened in the past and is now definitely over. In the last paragraph, however, **(non si è potuto rimediare)** the reference is to a problem still present now, hence the use of the **passato prossimo.**

2   **si ebbe, si credeva, si è potuto, si potevano,** etc: **si** here replaces a passive form (see more on **si passivante** in Section 18, page 137).

3   **inondazione, allagamento, straripamento** and **dilagare, straripare, allagare:** flood
    Straripare refers specifically to a river breaking its banks, while the others are more general terms.

4   **a ben centoventidue anni:** as many as 122 years
    Bene is used for emphasis.

5   **lungarni:** the Arno embankments
    Other examples of this construction include:
    lungotevere (Tiber embankment), **lungadige** (Adige embankment).

6   **immersi nel sonno:** still fast asleep

7   **E per nove ore …**
    The subjects of this sentence are all infinitives (used with an article): **un … aumentare, un … estendersi, uno scomparire**. The use of an abstract noun or an infinitive where in English you would find a concrete noun followed by a finite verbs, is very common both in spoken and written Italian. Other examples:
    Notai un gran correre di bambini e adulti.
    I noticed that many adults and children were running.
    C'era uno spostarsi continuo da un lato all'altro.
    People went on moving from one side to the other.

8   **dipinti, tavole, tele:** paintings
    More specifically:

dipinto, quadro	painting
tavola	tablet, panel
tela	canvas

6

Exercise 68

Read and listen carefully to Text 1, then answer these questions:

1 In che anno ci fu l'inondazione a Firenze?
2 C'erano già state altre alluvioni come questa?
3 Dov'era il Crocefisso del Cimabue?
4 Che cosa facevano molti fiorentini quando l'Arno straripò?
5 È stato possibile restaurare tutto ciò che era stato rovinato?

16 FORMING THE SIMPLE PAST – 'PASSATO REMOTO'

The **passato remoto** of regular verbs is formed as follows (endings are underlined):

parlare	vendere	dormire
parl**ai**	vend**etti**/vend**ei**	dorm**ii**
parl**asti**	vend**esti**	dorm**isti**
parl**ò**	vend**ette**/vend**è**	dorm**ì**
parl**ammo**	vend**emmo**	dorm**immo**
parl**aste**	vend**este**	dorm**iste**
parl**aron**	vend**ettero**/vend**erono**	dorm**irono**

These are the **passato remoto** forms of some irregular verbs (irregular forms are underlined):

fare	prendere	venire
feci	**presi**	**venni**
facesti	prendesti	venisti
fece	**prese**	**venne**
facemmo	prendemmo	venimmo
faceste	prendeste	veniste
fecero	**presero**	**vennero**

Note that both stems and endings are irregular in the first person singular, third person singular and plural. The other persons follow the regular **passato remoto** forms.

Exercise 69

Write down all the forms of the **passato remoto** which you have found in Text 1 and indicate whether they are regular or irregular.

Exercise 70

Rewrite these sentences by making the noun or pronoun in brackets the subject, changing the form of the regular **passato remoto** accordingly:

1 Il fiume straripò. [i fiumi]
2 Gli uomini tagliarono gli alberi. [io]
3 Costruimmo una piccola capanna di paglia. [lui]
4 Tutti gli animali abbandonarono la foresta. [la tigre]
5 L'orso sparì da alcune parti dell' Italia. [i lupi]
6 Passai l'estate in campeggio. [i Bianchi]
7 Cesare conquistò la Gallia. [i romani]
8 I vegetariani mangiarono solo il contorno? [tu]
9 Non credemmo a quello che diceva. [loro]
10 Si stabilì a Roma. [noi]

Exercise 71

Rewrite these sentences by making the noun or pronoun in brackets the subject, changing the form of the irregular **passato remoto** accordingly:

1 Piovene nacque a Vicenza. [io]
2 Gli abitanti vissero due giorni senza luce e gas. [la sua famiglia]
3 Molte opere d'arte vennero perse nell'inondazione. [il crocefisso]
4 Tenne una conferenza sull'ecologia. [tu]
5 Non vidi mai la fine del film. [loro]

6 <u>Decisero</u> di chiudere l'autostrada. [la polizia]

7 <u>Trascorsi</u> tutta la vita in campagna. [i miei genitori]

8 <u>Misero</u> le scarpe da montagna. [noi]

9 Non <u>vollero</u> partecipare alla riunione. [voi]

10 La città <u>fu costruita</u> nel '500. [il Duomo]

17 USES OF THE 'PASSATO REMOTO', 'PASSATO PROSSIMO' AND 'IMPERFETTO'

1 The **passato remoto** (past simple) is used when referring to something that happened in the past, that is considered completely over and that has no explicit link with the present:
Dante morì in esilio. Dante died in exile.

2 The **passato remoto** is not used much in spoken or written Italian (especially in the North), except in formal writing, but you will find it in literary texts and it is therefore important for you to recognise it in both its regular and irregular forms. In conversation you should use the **passato prossimo** (perfect tense) – see Section 1, pages 13–15.

Guido Piovene (whose description of Vicenza we saw in Lesson 1) also writes this about his native city:
Vicenza non fu sede di Pricipati e Signorie, passò da un dominio all'altro, poi si accomodò con Venezia.
But in conversation or in less formal writing this would become:
Vicenza non è stata sede di Principati e Signorie, è passata da un dominio all'altro e poi si è accomodata con Venezia.

3 The **imperfetto** (imperfect tense), as we saw in Lesson 1, is used for description and habitual or continuous actions in the past, or to describe something that happened in the past for an unspecified period:

Dante era fiorentino.

Dante was from Florence.

Mangiavo quando lui è entrato/entrò.

I was eating when he came in.

Non avevano soldi, così ho pagato/pagai io.

They had no money so I paid.

Exercise 72

Put this passage, adapted from Umberto Eco's *Il nome della rosa, [Secondo giorno – TERZA]* into the past tense by changing the verbs underlined into the **imperfetto** or **passato remoto**:

Prima di salire allo scriptorium <u>passiamo</u> in cucina a rifocillarci, perchè non <u>abbiamo</u> preso nulla da quando ci <u>siamo</u> alzati. Mi <u>rinfranco</u> subito prendendo una scodella di latte caldo. Il gran camino meridionale già <u>brucia</u> come una fucina, mentre nel forno si <u>prepara</u> il pane per domani. <u>Vedo</u>, tra i cucinieri, Salvatore, che mi <u>sorride</u> con la sua bocca di lupo. E <u>vedo</u> che <u>prende</u> da un tavolo un avanzo del pollo della sera prima e lo <u>passa</u> di nascosto ai pastori che lo <u>nascondono</u> nelle loro giubbe di pelle. Ma il capo cuciniere <u>se ne accorge</u> e <u>rimprovera</u> Salvatore. 'Cellario, cellario' <u>dice</u> 'non dissipare i beni dell'abbazia!'

Salvatore <u>si oscura</u> in viso e <u>si volta</u> adiratissimo, poi <u>fa</u> uscire in fretta i pastori e ci <u>guarda</u> con preoccupazione. 'Maiale' gli <u>grida</u> il cuciniere. Salvatore mi <u>sussurra</u> nell'orecchio 'È un bugiardo', poi <u>sputa</u> per terra. Il cuciniere <u>viene</u> a spingerlo fuori in malo modo e gli <u>rinchiude</u> la porta alle spalle.

6

TEXT 2

Zanzare: evitarle secondo natura

In this article published in the magazine *Marie Claire*, Nicoletta Tiliacos explains how to fight mosquitoes without using harmful insecticides. It is written in a more informal language than Text 1 (only one **passato remoto**!). The article contains practical suggestions, many of which are probably familiar to you already, but the expressions employed can be useful, since mosquitoes, insects in general and what to do about them, are an everlasting source of conversation in the hot Italian summers.

Liquidi, pastiglie, zampironi: lo scorso anno gli italiani investirono quasi ottanta miliardi in questo vero arsenale chimico fatto di insetticidi e repellenti per difendersi dalle zanzare. E di recente è arrivata una nuova specie dall'Oriente, chiamata 'zanzara tigre' e la sua puntura provoca grandi fastidi e consistenti reazioni allergiche. Eppure per difendersi non è sempre necessario ricorrere alla chimica: esistono infatti molti sistemi alternativi agli insetticidi tradizionali. E, come sempre, la prima cura è la prevenzione.

Cioè, prima di tutto è utile usare zanzariere soprattutto per i bambini che, fino all'età di tre anni, infatti non dovrebbero dormire in locali dove si usano insetticidi. È poi importante anche ridurre le fonti di sviluppo delle zanzare. In casa perciò non bisogna lasciare in terrazza o in cortile recipienti pieni d'acqua dove le zanzare depositano le uova. La zanzara è pigra e vola solo per brevi tratti quindi è probabile che il suo focolaio sia vicino alla nostra camera da letto. Si possono inoltre usare i colori chiari che attirano meno di quelli scuri le zanzare gravide e appena accoppiate che sono proprio quelle a caccia di sangue. Meglio non abusare deodoranti e profumi che piacciono alle zanzare almeno quanto a noi e si può sfruttare l'azione delle vitamine B (soprattutto la B1 e B6 che si trovano nel lievito di birra e nel riso integrale) e la C (in dose giornaliera di 500 milligrammi) che modificano la composizione del sudore rendendolo meno 'appetitoso'.

Ci sono anche molti oli essenziali di geranio odoroso, citronella, garofano, verbena e melissa da strofinare sulle parti scoperte del corpo, però mai puri, ma diluiti in alcol o olio o pronti in stick o crema.

È incerto invece l'uso delle foglie di basilico, prezzemolo, lauro e geranio strofinate sul corpo o messe nella camera. Mentre le bacche di ginepro e l'incenso bruciati, come il legno di tuja usato in Messico, hanno un effetto repellente.

Negli ambienti chiusi è utile l'idea di conficcare numerosi chiodi di garofano in un'arancia o in un limone e di piazzare una o due di queste 'mine' odorose in ogni stanza.

Infine gli apparecchi ad ultrasuoni: si sono rivelati un fallimento poichè le zanzare non sono tutte uguali, ogni specie ha una sua banda di ricezione ed è imposibile quindi che lo stesso ultrasuono risulti efficace sempre.

NEW WORDS

zanzare	mosquitoes
fastidi	discomforts
zanzariere	mosquito nets
tratti	distances
focolaio	centre of infection
a caccia di	hunting for
lievito di birra	yeast
strofinare	to rub
bacche di ginepro	juniper berries
conficcare	to stick
chiodi di garofano	cloves
apparecchi	machines
fallimento	failure
banda di ricezione	frequncy band

6

Exercise 73

Read or listen carefully to Text 2, then answer these questions:

1 Che cos'è la 'zanzara tigre'?
2 Perchè le zanzariere sono particolarmente utili per i bambini?
3 Quali prevenzioni si possono prendere contro le zanzare?
4 Che oli si possono strofinare sul corpo?
5 Gli apparecchi a ultrasuoni servono a qualcosa?

6

TEXT 3

Animalisti

This light-hearted article on the animal liberation movement comes from *I come italiani: Una guida pratica per capire gli italiani* written by a well-known journalist, Enzo Biagi (born in 1920), and published by Rizzoli in 1995.

Non porto pellicce, ma mangio carne e pesce in quantità moderata, con verdure varie per contorno. Mi fanno pena i vitelli ingabbiati e sottoposti agli estrogeni, i maiali ammucchiati nei camion.... Mi fanno però ridere quei camion confortevoli che si incontrano lungo le autostrade con la scritta che ammonisce 'Attenzione: cavalli da corsa'. Guai a 'bocciare'. E se fossero da tiro?

Bisogna evitar di far soffrire buoi, capre, montoni e capisco Marguerite Yourcenar che era diventata vegetariana 'per non digerire l'agonia': anche se nessuno ci ha assicurato che il radicchio strappato non soffre. Si può essere contrari alla caccia, ma – per coerenza – bisogna anche battersi contro la pesca: perchè il merluzzo impigliato nella rete o la trota con un amo in bocca non sono più allegri del coniglio che aspetta la botta sul collo. E l'aragosta bollita viva è ragionevolmente felice? Brigitte Bardot si batte in Francia e incita la gente perchè boicotti la bistecca di equino, e per il pollastro tirato su industrialmente neppure un sospiro? E il fegato d'oca, e il porcellino, squisita specialità sarda, arrostito alla brace, e le coscette delle rane?

Non c'è in questa campagna, mossa da sentimenti rispettabili, qualcosa di eccessivo e anche un po' di protesta senza rischi che va tanto di moda? Si avverte, o no, un po' di fame nel mondo?

6

NEW WORDS

pellicce	fur coats
ingabbiati	in cages
ammucchiati	piled up
bocciare	to bump
strappato	pulled up
per coerenza	to be consistent
la pesca	fishing
merluzzo	cod
impigliato	caught
amo	fish-hook
coniglio	rabbit
aragosta	lobster
equino	horse
pollastro	chicken

tirato su	reared
sospiro	sigh
va di moda	is fashionable

NOTES

1. **mi fanno pena:** I feel sorry for them
   A common expression to indicate sympathy and understanding.
2. **si incontrano, si può, battersi, si avverte,**
   Note the use of **'si' impersonale** (see also Section 18 opposite).
3. **cavalli da corsa/da tiro:** racing horses, draught horses
   Note the use of **da** to indicate use or purpose.
4. **guai a:** mind!
   This is a warning against something:
   Guai a te! Don't you dare!
5. **botta sul collo:** [*lit.*] blow on the neck
6. **porcellino, squisita specialità sarda, … coscette di rana:** the suckling pig on the spit is a Sardinian delicacy
   The diminutives **porcellino, coscette** (frog's legs) emphasize the emotional appeal.

Exercise 74

After reading and listening carefully to Text 3 and reading about the use of **si** in Section 18 opposite, answer these questions:

1 Enzo Biagi è vegetariano?
2 Che animali gli fanno pena?
3 Che cosa trova molto buffo?
4 Secondo Biagi perchè non si fa neanche un sospiro per il pollastro, il porcellino o le coscette di rana?
5 Come tradurreste 'si avverte' alla fine della Lettura 3?

As we have already seen, **si** is used as an impersonal form (meaning 'one', 'you', 'we', 'people'):

1 si impersonale
Si is used with the verb in the third person singular if followed by an infinitive or on its own, but in the third person plural if followed by a plural:
Si vede bene. You can see well.
Si vedono molte zanzare. You can see many mosquitoes.

In compound tenses, the auxiliary verb of transitive verbs changes from **avere** to **essere** after **si**:
Si è mangiato bene. One/we ate well.

In compound tenses, the past participle of intransitive verbs has a plural ending:
Si è rimasti male. We were disappointed.

With reflexive verbs the impersonal form **si** followed by the reflexive pronoun **si** becomes **ci si**:
Ci si diverte qui. One has a good time here.

Any adjectives, past participles or other words following the impersonal form must be plural:
Si è sempre soddisfatti. You feel satisfied.

2 si passivante
Si is also used to replace the passive form when the agent is not expressed:
Si usarono insetticidi. Insecticides were used.
Si affitta (or in an ad: **affittasi**) **appartamento ammobiliato.** Furnished flat to let.

6

Exercise 75

Change the verbs using the impersonal form **si** instead of the **noi** form of the verb:
1 Vediamo molti bei fiori.
2 Bevevamo solo vino italiano.
3 Se non ci divertiamo, andiamo in un altro posto.
4 Non sappiamo cosa dire.
5 Potremmo rinunciare ai dolci?

Exercise 76

Read carefully these popular sayings – **frasi fatte** – with **si**, then find their English equivalent:
1 Non si sa mai!
2 Come si fa?
3 Si vedrà!
4 Si fa tardi.
5 Si vive!
6 Non ci si può lamentare!
7 Rosso di sera bel tempo si spera.
8 A caval donato non si guarda in bocca.
9 Si fa quel che si può.
10 Guarda chi si vede!

6

Il sole fa bene?

In this interview a journalist from the magazine *Marie Claire*
(MC) asks a well-known dermatologist from Milan (Luca)
about the dangers and also the benefits of sunbathing. The
language is fairly formal and there are several medical terms:
as you will see, many of these are very similar in English.
Read and listen to the interview carefully, then check the new
words and notes, before trying out Exercise 77.

MC   Oggi il sole può essere davvero nocivo?

LUCA   Certamente le radiazioni ultraviolette possono
creare danni di vario tipo: un precoce
invecchiamento della pelle o una transitoria
depressione del sistema immunologico, il che nei
soggetti predisposti può aumentare problemi
come verruche e herpes.

MC   E c'è relazione tra l'esposizione al sole e i tumori
della pelle?

LUCA   Sul melanoma ci sono due teorie diverse: alcuni
sostengono di sì altri di no. Ma ci sono tumori
benigni, il basalioma per esempio, che sono affetti
da prolungata esposizione al sole.

MC   In Australia e negli Stati Uniti ci sono vere e
proprie campagne terroristiche, da parte degli
esperti, contro il sole.

LUCA   In Australia vive una popolazione anglosassone,
di pelle chiara, munita di scarse difese. Lo stesso
vale per gli Stati Uniti. Ci sono più pelli chiare e
sensibili, il rischio sole deve essere rapportato infatti
sia alla durata dell'esposizione sia al fototipo. Ma
noi razza mediterranea siamo molto favoriti.

MC   Quanti sono i fototipi?

LUCA   Sono sei. Il primo e il secondo sono molto
sensibili alla luce. A questi gruppi appartengono i
tipi dalla carnagione chiarissima, che di solito si
accompagna ai capelli biondi: i nordici e gli
anglosassoni per intenderci. Il primo tipo non si

abbronza mai e non deve esporsi al sole. Il
secondo si abbronza poco e si scotta spesso. Il
terzo si abbronza e qualche volta si ustiona. Il
quarto non si scotta mai. Il quinto appartiene a
chi ha la pelle olivastra. Il sesto a chi ha una
marcata pigmentazione cutanea. In Italia vi è
predominanza dei fototipi tre e quattro anche se
non mancano gli altri.

MC E quali sarebbero le ore migliori per esporsi al
sole?

LUCA Prima delle undici e dopo le sedici.

MC E per concludere Lei cosa pensa del sole?

LUCA Il sole fa bene. Aiuta la crescita nei bambini e
previene l'ostioporosi negli adulti. È sufficiente
non esagerare nelle esposizioni, evitare le ore
centrali del giorno e usare un buon prodotto
protettivo.

6

NEW WORDS

nocivo	harmful
invecchiamento	ageing
basalioma	rodent ulcer/basal cell carcinoma
chiare	light
munita	possessing
lo stesso vale	the same applies
sensibili	sensitive
rapportato	related to
carnagione	complexion

NOTES

1 **si scotta, si ustiona:** burns
Ustionare describes a more serious burn than
scottare.

2 **pelle olivastra:** olive skin
The ending **-astra** here does not have a
pejorative meaning.

Exercise 77

After reading and listening carefully to Text 3, answer these questions:

1 Quali danni può provocare l'esposizione al sole?
2 Quanti fototipi ci sono?
3 E gli italiani a che fototipo appartengono?
4 Perchè i nordici e gli anglosassoni hanno più problemi esponendosi al sole?
5 Quali sono le ore migliori per stare al sole?
6 A chi fa bene il sole e perchè?
7 Infine, che consigli dà il dottore?

Exercise 78

Answer these questions, using **si**:

1 Che cosa si dice in Italia, tra amici, prima di cominciare a mangiare?
2 E che cosa si risponde?
3 Che cosa si dice se qualcuno starnutisce?
4 Che cosa si dice quando si pesta il piede a qualcuno?
5 Che cosa si dice quando qualcuno bussa alla porta?

6

TEXT 4

Roma antica e Roma moderna

This passage, adapted from *Come leggere l'Italia d'oggi* (Zanichelli, 1991) describes how Rome has changed since it became the capital of Italy:

Da cento anni Roma è la capitale dello Stato italiano e nello stesso tempo la capitale religiosa del cattolicesimo. Per lunghi secoli è stata anche la capitale politica dello Stato della Chiesa. Prima ancora è stata centro di un impero immenso, esteso su tre continenti. In un tempo ancora più remoto, la capitale di uno stato di pastori, contadini e guerrieri. La fisionomia di Roma rispecchia queste complicate vicende storiche, questo intreccio di continuità e di trasformazioni.

Allorchè nel 1870 diventò capitale dello Stato Italiano, Roma era già da secoli una città improduttiva la cui principale risorsa economica erano i pellegrinaggi religiosi. Accanto alla burocrazia della chiesa cattolica si è insediata la burocrazia dello Stato italiano: ma Roma è rimasta una città che consuma assai più di quanto non produca. Si è calcolato che la metà circa delle famiglie romane dipenda, in tutto o in parte, da uno stipendio di impiegato statale, parastatale o municipale; i soli impiegati residenti a Roma sono, contando anche i pensionati, circa 250.000. Una città d'impiegati, dunque, in cui l'unica industria di rilievo, a parte quella cinematografica, è l'edilizia.

Queste caratteristiche della composizione sociale della popolazione di Roma sono rispecchiate dalla fisionomia della città. I primi quartieri costruiti dopo l'unità d'Italia furono destinati appunto a raccogliere i ministeri e le abitazioni degli impiegati statali. Fin dall'inizio lo sviluppo di Roma moderna assunse una caratteristica che non avrebbe più abbandonato; quella di uno sviluppo caotico e tumultuoso, dettato unicamente dagli interessi della speculazione edilizia.

Frutto inconfondibile di tale speculazione sono i quartieri periferici sovraffollati e senza verde.

Il turista che vi abita per pochi giorni naturalmente non sa e non vede queste cose; vede una città tra le più belle del mondo, ricca di monumenti, di opere d'arte, di musei. Due millenni e mezzo di storia fanno di Roma una città indimenticabile. Ma la realtà che sta dietro a questa immagine turistica è assai più complessa.

6

NOTES

1 **si è calcolato:** it has been calculated
   This is an example of the Italian **si passivante**
   translating an English passive.
2 **impiegato statale, parastatale o municipale:**
   statale: civil servant; **parastatale:** working for a
   state-controlled company; **municipale:** council
   worker
   To these could be added **dipendente** (employee in
   a private company) and **autonomo** (self- employed).
   If you want to know more about these categories,
   read the funny but sharply accurate chapter:
   'Statali, dipendenti, autonomi' in Tim Parks' book:
   Italiani (Bompiani, 1995).

6

Exercise 79

After reading and listening to Text 4, answer these questions:

1 Roma quando divenne capitale d'Italia?
2 Quali sono le industrie importanti di Roma?
3 Si dice che Roma è una città d'impiegati: perchè?
4 Quale fu la conseguenza della speculazione edilizia?
5 Che immagine si fanno di Roma i turisti?

In this passage, taken from Guido Piovene's book *Viaggio in Italia* (also quoted in Lesson 1), the author describes a clever and 'green' way of providing all-year-round air-conditioning in Renaissance Italy. But a key word has been left out. Can you guess what it is ?

Costozza è un piccolo paese alle falde dei monti Berici dove un gruppo di ville fu eretto dai conti Trento. Nelle rupi presso le ville si addentrano alcune ..., la maggior parte artficiali, usate fin dai tempi preistorici per cavarne la pietra. Nel Cinquecento esse fornirono l'aria condizionata. Condutture semisegrete, chiamate ventidotti nel linguaggio umanistico, partivano dalle ... e sboccavano nelle stanze, chiuse da botole dorate. Ne fluivano i venti del sottoterra, di temperatura costante, portando il caldo d'inverno e il freddo d'estate. Gli abitanti di oggi si servono ancora di queste .... I padroni di un tempo se ne servivano anche per burlarsi degli ospiti. Taluno, messo a letto senza coperte, era svegliato all'improvviso da una corrente d'aria gelida. Un abitante di Costozza vorrebbe farmi credere alla leggenda che questo scherzo abbia ammazzato Galileo Galilei, ospite di una delle ville.

6

Exercise 81

Read the text, then say whether the statements that follow are true or false – **vero o falso**:

TRINITÀ DEI MONTI – RIFARLA COSTERÀ 25 MILIONI DI EURO

Roma. Una panoramica su Trinità dei Monti: la scalinata, in travertino, scende sino a Piazza di Spagna. Venne costruita nel 1726 sotto il pontificato di Benedetto XIII, con i fondi messi a disposizione dal diplomatico francese Stefano Gueffier. Al suo arrivo da Venezia nel 1728, Giacomo Casanova ne rimase incantato al punto che ne trasse l'ispirazione per alcune delle sue avventure sentimentali. Ma col passare dei secoli i gradini della scalinata sono stati gravemente danneggiati. Ora il sindaco di Roma vuole riportare Trinità dei Monti all'antico splendore, grazie a un restauro finanziato dall'Ina Assitalia. Il restauro dovrebbe essere finito entro otto mesi e la scalinata dovrebbe tornare di nuovo bellissima.

1 La costruzione della scalinata di Trinità dei Montivenne finanziata dal Papa Benedetto XIII.
2 Il restauro costerà più di 20 milioni di euro.
3 La scalinata venne molto ammirata da Casanova.
4 I gradini sono di marmo di Carrara.
5 Il restauro ne durerà almeno un anno.

6

Lesson 7

The theme of this lesson is telecommunications and information technology – 'le telecomunicazioni e l'informatica'. The lesson includes texts and conversations about:
- *making phone calls*
- *using computers*
- *the Internet*

You will learn how to:
- *communicate formally and informally by telephone*
- *interpret the language of the information superhighway*
- *request services and information for a conference*
- *accept and refuse requests*

The language points include:
- *use of the infinitive as a noun and after prepositions*
- *the passive voice: when and how to use it*
- *when not to use the passive voice*

CONVERSATION 1

Una telefonata interurbana

Carlo Fausti is phoning from Turin to check with Angela Villa, who is in charge of a big Conference Centre in Taormina, that there are sufficient facilities available for his firm's annual conference:

CARLO   Pronto, parla Carlo Fausti, parlo con la signorina Villa?

ANGELA   Sì, buongiorno dottor Fausti. Non so come scusarmi di non averle telefonato prima, anche per ringraziarla, ma purtroppo sono stata impegnatissima.

CARLO   Si figuri, signorina, allora ha ricevuto il mio fax?

ANGELA   Sì, appunto, ora è solo questione di confermare con lei la data, il numero di partecipanti eccetera…

CARLO   Dunque: saremo 50, il convegno comincia il 12 settembre e le stanze dovranno essere prenotate dall'11 al 15 del mese.

ANGELA	Benissimo. Allora 50 camere singole, a pensione completa, e tre sale per le conferenze.
CARLO	Come le avevo già indicato, vorremmo tre camere doppie per me e i due altri direttori. Per le sale conferenze mi può indicare che attrezzature ci sono?
ANGELA	Tutte hanno aria condizionata, telefono, lavagna luminosa, videoregistratore e sono insonorizzate.
CARLO	E per quanto riguarda fotocopiatrice, fax, area di esposizione per i nostri depliant e manifesti...
ANGELA	C'è un'area di esposizione al pianterreno con tabellone per esporre i manifesti e per mandare o ricevere fax basta rivolgersi in segreteria. Poi c'è un'altra sala più piccola, al primo piano, con la fotocopiatrice e una zona bar.
CARLO	E per i rinfreschi?
ANGELA	Le suggerirei un rinfresco appena arrivati e un aperitivo prima di mangiare.
CARLO	E un rinfresco a metà mattina e a metà pomeriggio, per rompere un po' la monotonia?
ANGELA	Certo. E ci sono vegetariani ?
CARLO	Veramente non sono sicuro. Grazie di avermelo ricordato, le farò sapere al più presto possibile. E possiamo anche contare sul servizio di segreteria e di interprete?
ANGELA	Senz'altro, ma sono a pagamento. Le manderò le tariffe per tutti e due i servizi.
CARLO	Le dò anche il numero del mio cellulare, così può contattarmi anche fuori delle ore di ufficio.

7

NEW WORDS

interurbana	long-distance call
impegnatissima	very busy
convegno	conference
indicato	mentioned, pointed out
attrezzature	equipment, facilities
lavagna luminosa	overhead projector
videoregistratore	video cassette recorder
insonorizzate	sound-proofed

per quanto riguarda	as for
fotocopiatrice	photocopier
area di esposizione	exhibition hall
depliant	leaflet
manifesti	posters
tabellone	notice-board
esporre	to show
rinfreschi	refreshments
servizio di segreteria	secretarial services

NOTES

1 **per esporre, per mandare e ricevere, prima di mangiare, per rompere**
All these are examples of prepositional phrases with prepositions + infinitive (see Section 21, page 156).

2 **questione di confermare**
Questione is one of the nouns requiring **di** + infinitive

3 **di non everle telefonato, di avermelo ricordato**
Note the use of the past infinitive after **grazie di**. This is the correct way of thanking or apologising to somebody, since this is usually for something that's already happened. (See also use of the past infinitive in Section 22, page 157.)

4 **basta rivolgersi:** please ask
Basta, like modal verbs and impersonal expressions (**è importante, è utile**), is followed by the infinitive without a preposition.

5 **cellulare:** cell phone
The mobile phone is also called **telefonino** in everyday Italian.

7

Exercise 82

After reading or listening carefully to Conversation 1, answer these questions using preposition + infinitive:

1 Di che cosa si scusa Angela?
2 Perchè Carlo le ha telefonato oggi?
3 A che cosa servono i pannelli?
4 Carlo di che cosa ringrazia Angela?
5 Perchè Carlo le dà il numero del suo cellulare?

19 USEFUL EXPRESSIONS WHEN PHONING

1 These are expressions that you are likely to hear:

Mi spiace, ma ha sbagliato numero.
Sorry, you've dialled the wrong number.
Note that in Italian when you get something wrong (with a phone number, address, etc.) you say **ho sbagliato**, **mi sono sbagliato** (I made a mistake). **Il numero sbagliato** would imply that there is something wrong with the number, not that you dialled incorrectly.

Forse posso esserle d'aiuto?
May I help you?

Scusi come si scrive il suo nome?
How do you spell your name?
Note that the reply to this is to spell your name letter by letter (e.g. Ray: **erre**, **a**, **ipsilon**), but if it is still not clearly understood on the phone you need to give the name of a town for every letter (**Roma**, **Asti**, **Yalta**).

Attenda in linea che le passo il signor Bianchi.
Please wait and I'll put you through to Mr Bianchi.

Vuole attendere in linea o preferisce telefonare più tardi?
Will you hold the line please, or would you rather phone later?

7

È all'estero/occupato/impegnato. Gli chiedo di richiamarla

He's abroad/busy. I'll ask him to phone you back.

Se è una richiesta urgente mi chiami al cellulare.

If it's urgent call me on my mobile.

2 And this is what you may want to say:

Pronto, parla Paul White (si scrive doppio vu, acca, i, ti, e).

Hello, Paul White speaking: spelt W, H, I, T, E.

Mi può passare il signor Bianchi, all'interno 34, per favore?

Can you put me through to Mr Bianchi, extension 34, please?

Mi può dare il numero interno 307?

Extension 307, please.

Scusi ho sbagliato numero.

Sorry, [I dialled the] wrong number.
See the note on **sbagliato** on the previous page.

C'è un messaggio per me dalla segreteria telefonica.

There is a message for me on the answering machine.

7

Exercise 83

Imagine that you are phoning from Verona and trying to get in touch with a client (Signora De Marco) in Milan. Ask for her and answer the operator (**centralino**) in Italian using the clues given in English:

You   ....
                 *[Hello, can you put me through to Mrs De
                 Marco, please?]*

Centralino   Sa qual è il suo numero interno?

You   ....
                 *[No, I'm afraid I don't, but I know that she
                 works in the sales department.]*

Centralino   Il numero è occupato, vuole attendere in
                 linea o preferisce telefonare più tardi?

You   ....
                 *[I'm sorry I can't, could you ask her to 'phone
                 Charles Coyne in Verona?]*

Centralino   Scusi come si scrive il suo nome?

You   ....
                 [My surname is Coyne: C, O, Y, N, E.]

Centralino   Grazie signor Coyne. E il suo numero a
                 Verona?

You   ....
                 [039 822 543. Any time after 2 p.m.]

7

Che cos'è un numero verde?

This advertisement is taken from the newspaper *La Repubblica*:

Che effetto fa la vostra pubblicità, con un numero verde?
Colpisce. Attira. Convince. Perchè comunica innanzitutto la
vostra disponibilità a comunicare. Ad informare su quello
che la gente vuole realmente sapere, ed essere informati su
quello che la gente vuole effettivamente dire. Chi telefona a
un Numero Verde dimostra già un interesse, e passa la parola
all'azienda; un'azienda che ha un numero verde e ne
comunica inoltre adeguatamente l'esistenza, gode di un
vantaggio in termini di immagine, di vendite, e di
conoscenza del proprio mercato. In effetti il Numero Verde è
uno dei numeri migliori che l'economia italiana ha a
disposizione. Per ulteriori informazioni sul Servizio Numero
Verde chiamate il Numero Verde 167 – 080080.

NEW WORDS

colpisce	it makes an impression
attira	it attracts
disponibilità	availability

7

NOTES

1   **a comunicare, a informare**
    Note the use of the infinitive after a noun.
    essere informati
    This is a passive infinitive used as a subject.
2   **azienda:** firm, business
    Other expressions with similar meanings are
    ditta, **impresa**, **società**, **compagnia**.
3   **proprio mercato:** its own market
    Proprio is used because the subject **un'azienda**
    here means 'any firm'. (See also note on
    Conversation 2 opposite.)

Read carefully Text 1, the Telecom Italia ad which aims to convince businesses that they should use a **'numero verde'**, then answer these questions.

1 Che cos'è un 'numero verde'?
2 Come tradurreste 'effettivamente'?
3 Che cosa significa 'gode' in questo caso?
4 Quali sono i vantaggi del 'numero verde' per un'azienda?
5 Esistono i numeri verdi in altri paesi?

CONVERSATION 2

Il mestiere di scrittore

This extract is taken from an interview, in the magazine *Avvenimenti*, with Andrea De Carlo, a young Italian writer who explains why he uses a computer for writing his novels.

GIORNALISTA Vedo che per scrivere usi il computer.

A. DE CARLO È più vicino di ogni altro mezzo al meccanismo sofisticato del pensiero umano. È in grado di soffermarsi su un particolare, di tornare indietro, di correggere.

GIORNALISTA Allora non usi la macchina da scrivere?

A. DE CARLO La macchina da scrivere è senz'altro più bella esteticamente, ma è un mezzo più freddo, procede in modo orizzontale. Qui dentro, stampo quello che scrivo, pagina per pagina, poi mi soffermo sui singoli fogli e correggo a penna. Perchè la scrittura meditata o meglio la riscrittura, è indispensabile.
[...]

GIORNALISTA Qual'è il modo migliore per la stesura di un romanzo?

A. DE CARLO Non c'è una regola per tutti. Ma è necessario darsi un metodo, adattandolo al proprio modo di

vivere. È necessario: perchè la creatività va
indirizzata, organizzata in una forma definita. Lo
scrittore maledetto, quello che passa notti a
ubriacarsi, vagabondare, drogarsi, eppoi sforna
capolavori, è un falso mito. Scrivere con
regolarità, può essere un modo per farti
raggiungere le maggiori possibilità individuali.

NEW WORDS

meccanismo	workings
particolare	detail
scrittura	writing
meditata	thought out, worked out
indispensabile	essential
stesura	drafting
romanzo	novel
sforna	dishes out
mito	myth

NOTES

7

1   **noto che per scrivere usi il computer**
    The interviewer uses the familiar **tu**. This could
    be something of a policy decision in a radical
    publication, or perhaps the interviewer is a
    friend/colleague of the writer.

2   **in grado di soffermarsi:** capable of pausing or
    focussing
    Essere in grado di + infinitive means to be in a
    position to/to feel up to/to be capable of. This
    expression is often used when referring to people
    as well as organizations or machines:
    **Siamo in grado di offrire un completo
    servizio di traduzione.**
    We are in a position to offer a full translation service.
    Oggi non sono in grado di veder gente.
    Today I'm not up to seeing people.

3   **al proprio modo di vivere:** one's way of life
    Proprio is a possessive adjective used when the
    subject of the sentence is impersonal (as it is here)
    and with indefinite adjectives and pronouns.
    Other examples:
    Bisogna ascoltare la propria coscienza.
    One must follow one's conscience.
    In casa proprio si può fare ciò che si vuole.
    In our own home we can do what we like.
    Ognuno preparerà la propria relazione.
    Everybody will prepare their own report.
4   **va indirizzata, organizzata:** must be directed,
    structured
    The passive voice is used with the auxiliary verb
    andare (see Section 25, pages 164–165).
5   **scrittore maledetto:** (*lit.*) accursed writer
6   **a ubriacarsi, vagabondare, drogarsi:** getting
    drunk, wandering about, taking drugs
    per farti raggiungere: to help you reach
    These are all prepositional phrases with **a/per** +
    infinitive (see Section 21, page 156).

Exercise 85

Answer these questions after reading or listening
carefully to Conversation 2:

1   Perchè lo scrittore usa il computer?
2   Che cosa è in grado di fare con il computer?
3   Che differenza c'è, secondo lui, tra la macchina da
    scrivere e il computer?
4   Come fa le correzioni?
5   Secondo il falso mito che cosa fa lo 'scrittore
    maledetto'?

20 USES OF THE INFINITIVE

We have already seen many examples of verbs followed by infinitives without prepositions or with the prepositions **a** and **di** (see also *Hugo Italian in Three Months*, page 155):
Voglio venire. Penso di venire. Comincia a piovere.

We have also seen nouns or adjectives followed by infinitives:

casa da vendere	**macchina da scrivere**
molto da fare	**facile da leggere**
svelto di mente	**pronto a criticare**

Now we will look further at the uses of present and past inifinitives in prepositional phrases, as nouns, and also after verbs of perception.

21 PREPOSITIONAL PHRASES WITH PREPOSITIONS + INFINITIVE

While in English the prepositions in prepositional phrases are usually followed by the '-ing' form, in Italian they are followed by an infinitive. As well as **a**, **di**, **da**, **in**, **con**, **su**, **per**, there are other simple or compound prepositions followed by an infinitive:

prima di	before
invece di	instead of
oltre a	beside
senza	without
piuttosto che/di	rather than
dopo [di]	after

Examples:
Parlano di organizzare un congresso a Londra.
They are talking of organising a congress in London.
Chiamo sempre la segreteria telefonica prima di uscire.
I always check the answering service before going out.
Lavora a casa invece di andare in ufficio.
He works at home instead of going to the office.

Exercise 86

Form a new sentence by replacing the phrase underlined with the preposition given + infinitive as in the example:

Lavoro, <u>così vivo</u>. (per) **Lavoro per vivere.**

1 Viene, <u>ma non porta niente</u>. (senza)
2 Ascolta la radio, <u>ma non guarda la televisione</u>. (piuttosto di)
3 Va a letto, <u>così si riposa</u>. (per)
4 Ha mandato un fax, <u>poi ha telefonato</u>. (prima di)
5 Scrivo col pennarello, <u>non uso il gesso</u>. (invece di)

22 USES OF THE PAST INFINITIVE

The past infinitive is used in prepositional sentences to describe something which happened in the past, as you have seen in Conversation 1 (note 3) in this lesson. These are other examples:

Riportai il libro in biblioteca senza averlo letto.
I returned the book to the library without reading it.
Avevo deciso prima ancora di avergli chiesto consiglio.
I had decided even before asking for his advice.
Si scusarono di non essere venuti prima.
They apologised for not coming sooner.
Grazie di essere venuta.
Thank you for coming.
La ringrazio di aver risposto con sollecitudine alla mia lettera.
Thank you for replying so promptly to my letter.

Dopo [di], as we saw in Conversation 3 of Lesson 4 (pages 97–98), is always followed by the past infinitive:
Dopo aver accettato l'offerta, scrisse la lettera di conferma.
After accepting the offer he wrote a confirmation letter.
Mi ha telefonato dopo aver ricevuto il fax.
He phoned after receiving my fax.

7

Exercise 87

Complete these sentences using the past infinitive of the verbs given in English:

1 Mi sono interessata di informatica [*after reading*] il libro di Dale Spender.

2 Vi ringrazio molto [*of accepting*] la mia offerta.

3 Questa tastiera e pronta [*to be connected*] al monitor.

4 Preferisce scrivere a mano [*after trying*] the computer.

5 Si è scusata [*for arriving*] tardi.

23 INFINITIVES USED AS NOUNS

In Italian you can use an infinitive instead of a noun as subject or object of a sentence:

Bere fa male alla salute.

Drinking is bad for your health.

Non mi piace usare il computer.

I don't like using the computer.

Essere criticati è sempre difficile.

It's always difficult to be criticised.

The infinitive used as a noun can take an article when it is used on its own and also after the prepositions **a**, **da**, **in**, **con**, **su**, **tra**:

Il defluire fu rapidissimo.	The outflow was very fast.
Si fece un gran correre.	We did a lot of running.
Al tramontar del sole	As the sun was/is setting
Col trascorrere delle ore	As the hours go by

7

Exercise 88

There are many Italian sayings which contain
infinitives, used alone or after prepositions. See if you
can find the English equivalent of these:

1 Per comparire bisogna soffrire.
2 Tra il dire e il fare c'è di mezzo il mare.
3 Un buon tacer non fu mai scritto.
4 Amarsi ma non imbrogliarsi.
5 Partire è un po' morire.

Exercise 89

Rewrite these sentences using an infinitive instead of
the noun underlined:

La lettura fa male agli occhi. → Leggere fa male agli occhi.

1 Non mi interessa il nuoto.
2 Mi sveglio sempre al suono della sveglia.
3 Il ballo la rende allegra.
4 Il fumo provoca molti disturbi.
5 Il riposo fa bene a tutti.

7

24 USE OF THE INFINITIVE INSTEAD OF THE IMPERATIVE

In public notices, directions, recipes and other kinds of
instructions, the infinitive often replaces the
imperative:

Rallentare.   Slow down.
Mettere un pizzico di sale. Add a pinch of salt.
Tenere al fresco.   Keep in a cool place.

Vedere, guardare, notare, osservare, sentire, ascoltare are followed directly by an infinitive without a preposition:

1 Ho visto gli impiegati uscire.
I saw the employees leave (leaving).

2 Li ho visti uscire.
I saw them leave (leaving).

When the object is a noun it comes after the verb of perception (sentence 1), but when it is a pronoun (sentence 2) it comes before the verb of perception.

Verbs of perception can also be followed by **che** or **mentre** instead of the infinitive:

Ho visto gli impiegati uscire.
Ho visto gli impiegati che/mentre uscivano.
I saw the employees come out.

L'osserviamo scrivere sulla lavagna luminosa.
L'osserviamo mentre scrive sulla lavagna luminosa.
We watch him write on the overhead projector.

Exercise 90

Translate these sentences into Italian using the present or past infinitive:

1 They thanked me for sending the estimate.

2 I saw the text disappear from the screen.

3 Writing is much easier with the computer.

4 I was tired after walking to the station.

5 In an Italian bar you pay before ordering coffee.

Le autostrade elettroniche

This passage, adapted from an article in the newspaper *Il Gazzettino* describes *Smau*, the Information Technology Fair in Milan. In it you will find many of the new words that IT has introduced into the Italian language, some as literal translations of American terms.

La dittatura di Windows

Internet, anno secondo. Questo, in pratica, lo slogan del salone, Smau, terza fiera mondiale dell'informatica e delle telecomunicazioni che si è aperta ieri alla Fiera di Milano.

Subissati dall'incombente, fragorosa e ingombrante presenza di Windows, i visitatori possono cogliere, fino a lunedì, dopo anni di crisi, una quasi euforia, nonostante le fosche nubi di Ivrea. Forse però per la prima volta l'Italia della gente scopre quest'anno la cosiddetta 'civiltà delle reti', che non vuole affatto dire solo Internet. Si tratta in particolare di nuove tecnologie per il denaro digitale, cioè fare affari, commerciare, guadagnare con la più totale indifferenza del luogo d'azione poiché queste operazioni possono essere fatte da casa, in vacanza, in auto. È stato creato un computer sempre più 'elettrodomestico', amichevole, con molteplici funzioni tutte integrate.

Ed è proprio su questa linea che va notata l'unica vera, grande novità di questo salone: dalla boccheggiante Olivetti, arriva alla fine di questo mese il rivoluzionario 'Envision', nuovo personal computer per la famiglia che costa sui 1500 euro, utilizza il televisore come monitor ed è pilotato da una tastiera senza fili che agisce in un raggio di sei metri. "Envision" legge i Cd audio, i Cd foto e i Cd Rom multimediali, utilizza Windows, ed è utilizzabile anche come impianto hi-fi, telefono, videoregistratore, fax, modem, segreteria telefonica. "Envision" che è già pronto per collegarsi a Internet, ha una forma simile a quella di un videoregistratore, ha il suo posto ideale proprio a fianco di questo ed è offerto in due versioni.

Nello specifico del Salone Smau, vengono proposte tutte le

7

novità nelle tecnologie, nei prodotti, nelle applicazioni e nei servizi, con mostre storiche e un fitto calendario di convegni e incontri.

Smau è così riconfermato punto di riferimento internazionale per un mercato che in Europa ha raggiunto il 32% del mercato mondiale e in questo contesto l'Italia rappresenta il 4% del mercato. I dati, che sono stati forniti dall'Assinform, dopo aver mostrato un calo due anni fa, adesso indicano un aumento dell'1.5% per hardware e software. È continuato invece il calo degli addetti alle telecomunicazioni mentre viene notata una crescita particolarmente sostenuta nel campo dei servizi pubblici.

Smau inoltre propone un vero e proprio viaggio nella multimedialità e affronta la convergenza tra telecomunicazioni, informatica e media: autostrade elettroniche, televisione interattiva e telelavoro a cui è stato dedicato un convegno con Umberto Eco.

NEW WORDS

subissati	overwhelmed
incombente	inescapable
fragorosa	noisy
ingombrante	obstructing, cumbersome
elettrodomestico	household electric appliance
molteplici	manifold
boccheggiante	gasping, on its last leg
è pilotato	is operated
tastiera	keyboard
fili	wires
segreteria telefonica.	telephone answering service/machine
collegarsi	to connect
nello specifico	within the context/as for
fitto calendario di date	a full programme of events
incontri	meetings
punto di riferimento	reference point
forniti	supplied
un calo	reduction

aumento	increase
crescita	growth, rise

NOTES

1 **si è aperta:** it opened
   Note the use of **'si'** instead of a passive verb.

2 **le fosche nubi di Ivrea:** a black cloud over Ivrea
   The Olivetti computer firm, based in Ivrea – a small town in the north-west of Italy – was going through very difficult times when this article was written.

3 **L'Italia della gente:** ordinary Italians
   'The general public', as opposed to **'gli esperti'**.

4 **possono essere fatte, dopo aver mostrato**
   Two past infinitives: the first is passive, the second comes after **dopo** which, as we have seen, always requires a past infinitive.

5 **è stato creato, è offerto, è così riconfermato, sono stati forniti, è stato dedicato**
   All examples of passive verbs with **essere** + past participle.
   va notata, viene notata, vengono proposte
   Passive voice with **andare** or **venire** + past participle.
   There is a subtle difference of meaning between **va** and **viene notata**.
   Va notata is more forceful, meaning 'it must be noticed'; **viene notata** means 'one notices'.

6 **la boccheggiante Olivetti**
   Firms usually take the feminine gender: **la Fiat, la Zanussi**, etc.

7 **Assinform**
   Assinform conduct opinion poll research in Italy.

8 **addetti alle telecomunicazioni:** employed in the telecommunications industry
   Addetto is a very useful word to remember, it means 'employed by', 'assigned to':
   Chi è addetto alle vendite? Who deals with sales?
   È l'addetta stampa. She's the press officer.

7

The passive in Italian is formed by using the appropriate tense of the verb **essere** followed by the past participle of the transitive verb. This participle agrees in gender and number with the subject, as does the past participle of essere when used in compound tenses:

Le camere sono prenotate.
The rooms are booked.
La carta telefonica è stata data gratis.
The phone card was given free.

The agent 'by' is translated by **da**:
L'internet sarà usata da tutti?
Will the Internet be used by everybody?

1 The auxiliary verb **essere** is often replaced by the verbs **venire**, **andare** and, in some cases, **rimanere**.

Venire has the same meaning as **essere** and can only be used in present, imperfect, future, conditional and **passato remoto** tenses:
L'informatica venne/fu discussa al congresso.
Information technology was discussed at the conference.

Compound tenses cannot be formed with **venire**:
La lavagna luminosa non è stata usata molto.
The overhead projector hasn't been used much.

Andare is used to imply obligation and, like **venire**, is not used to form compound tenses:
I biglietti dell'autobus vanno comprati in tabaccheria.
Bus tickets must be/are bought at the tobacconist's.
In italiano l'indirizzo va messo in fondo alla lettera.
In Italian the address must be/is put at the bottom of the letter.

Rimanere (restare) is used mainly with verbs expressing feelings and in all tenses:
Sono rimasta colpita dalla sua gentilezza.
I was touched by his kindness.

7

2 As we have seen in Section 18, page 137, the **si passivante** is often used instead of the passive when the agent is not expressed, particularly when the sentence has a general meaning:

Il passivo si usa più in italiano che in francese.
The passive is used more in Italian than in French.
Si parla italiano.
Italian is spoken.

3 The passive voice cannot be used in Italian where the <u>indirect object</u> of an active sentence is used as a subject, as in: 'Moravia was given the prize' – 'Moravia' being the indirect object of the active sentence: 'They gave the prize <u>to Moravia</u>'. In Italian you would use the active sentence:

Diedero il premio a Moravia.
or
Il premio venne dato a Moravia.

Other examples:
Gli hanno offerto il contratto.
Gli è stato offerto il contratto.
He was offered a contract.
Mi chiesero di andarmene.
Mi venne chiesto di andarmene.
I was asked to leave.

Exercise 91

Answer these questions after reading Text 2 and studying the use of the passive voice:

1 Perchè, secondo voi, l'articolo è intitolato 'dittatura' di Windows?

2 Dove si è svolta questa esposizione Smau?

3 Di che cosa consiste la 'civiltà delle reti'?

4 In che senso si può parlare di computer come elettrodomestico?

5 Qual'è la vera novità del salone Smau?

6 Come funziona questo nuovo personal computer?

7 In quanti modi può essere usato l'Envision?

8 Che percentuale ha l'Italia del mercato europeo dell'informatica?

9 Da chi sono stati forniti questi dati statistici?

10 A che cosa è stato dedicato il convegno con Umberto Eco?

Il futuro è qui

This is the shortened version of an interview by Andrea Faiano (AF) with Nicholas Negroponte (NN), founder and director of the Media Laboratory of the MIT in Boston, taken from the magazine *Ulysses*:

7

AF È difficile capire la rivoluzione digitale? Lei pensa che i cambiamenti in atto debbano raggiungere un maggior numero di persone?

NN Sono convinto di sì. Il problema è in parte costituito dal fatto che molti ne danno una spiegazione piuttosto oscura, che fa sembrare il tutto più complicato. A volte le parole vengono usate in modo strano: ad esempio si parla a sproposito di 'rivoluzione digitale', riferendosi genericamente a tecnologie avanzate senza tener conto del suo autentico significato …

AF Perciò c'è molta disinformazione?

NN Sì, anche se non è intenzionale.

AF Così lei è tuttora convinto che la direzione è già segnata, che non si può tornare indietro.

NN Certamente. E non si può far nulla per fermare tutto questo. In altre parole i governi dei vari

Paesi non sono in grado di mettervi un freno perchè la rete Internet, per esempio, si è sviluppata e continua a svilupparsi dal basso e le autorità non possono intervenire più di tanto.

AF Non pensa che si facciano anche tante chiacchiere a riguardo?

NN Sì. Ma allo stesso tempo il fenomeno viene anche sminuito. Il fenomeno viene sottovalutato. È una contraddizione interessante.

AF Alcuni si chiedono quante persone che parlano dell'Internet ne facciano veramente uso ...

NN Non è questo il punto. Secondo le statistiche un gran numero di giovani utilizza Internet per molti scopi diversi. Tra i ragazzi americani di circa dieci anni non c'è praticamente nessuno che sia digiuno di informatica: il 99,9 per cento sa usare il computer. La situazione europea non è molto diversa. Questa è l'era digitale.

AF Crede che la rivoluzione digitale avrà degli effetti sul rapporto tra i popoli e le nazioni?

NN Certamente.

AF Eppure la tecnologia ha un costo ...

NN Con 2000 dollari hai l'attrezzatura necessaria. Dieci ani fa per accedere a queste macchine dovevi lavorare al MIT. Adesso io non ho neanche un ufficio qui ...

AF Ci sono rischi? Cambierà il nostro rapporto col mondo che ci circonda?

NN Ne dubito. Internet ti permette di entrare in contatti con il mondo esterno in un modo impensabile fino a poco tempo fa.

AF Chi resterà escluso da questa trasformazione?

NN Al momento è una questione di età. Negli Stati Uniti sono gli anziani e i giovanissimi che si collegano con l'Internet. Mentre la popolazione tra i 30 e i 50 anni ha utilizzato poco queste tecnologie.

7

in atto	put into action
sono convinto di sì	yes, absolutely
il tutto	the whole thing, all that
tuttora	still
è già segnata	is already indicated
sminuito	diminished
sottovalutato	undervalued
l'attrezzatura	equipment
accedere	to have access
impensabile	unthinkable
si collegano	are connected
ha utilizzato poco	did not use much

NOTES

1 **pensa che ... debbano, pensa che si ... facciano, è convinto che ... è gia segnata**
After verbs of opinion the subjunctive **(pensa che debbano)** is used to express personal opinion or uncertainty, while the indicative (**è convinto che è**) implies certainty.
nessuno che sia
Nessuno che is always followed by a subjunctive (see also Section 5, page 57).

2 **vengono usate, viene sminuito, viene sottovalutato, resterà escluso**
Note the use of the passive voice with **venire** and **restare**.

3 **a sproposito:** inopportunely, wrongly
Used as a noun **sproposito** means mistake, blunder.
Parlare a sproposito: to say something wrong or out of place

4 **tante chiacchiere:** a lot of hot air/hype
Both this and **a sproposito** are colloquial expressions. In this interview they reflect a degree of impatience on the part of the speaker.

5 **digiuno di informatica:** computer illiterate

Digiuno, apart from the literal meaning of 'not eating/fasting', also means not knowing, lacking, ignorant.

6 **ne dubito:** I doubt it/I don't think so
Dubitare is followed by **di** + object when the subject of the main clause is different from that of the subordinate clause or **di** + infinitive when the subject is the same:
Dubito di tutto quello che dice.
I doubt everything he says.
Dubito di poterlo fare.
I don't think/doubt I can do that.

7 **anziani:** old/elderly people
Anziano does not mean 'ancient' and is only used to describe people. It is considered a more positive word than **vecchi**. The English 'old age pensioners' could be translated as **persone anziane**.
Pensionati simply means people in receipt of a pension and these are not necessarily old people in Italy.

Exercise 92

After reading or listening to Conversation 3, 'Il futuro è già qui', read these statements and decide whether they are true or false, **vero o falso**.

1 L'Internet si è sviluppata dal basso, aldifuori del controllo dei vari governi.

2 I giovanissimi e gli anziani sono rimasti esclusi dalla rivoluzione digitale.

3 Il signor Negroponte non ha neanche più l'ufficio al MIT.

4 La diffusione dei personal computer in Europa è molto diversa dall'America.

5 L'Internet cambierà il nostro modo di vedere il mondo che ci circonda.

Exercise 93

Turn these passive sentences into the active form as in the example:

La ditta è stata chiusa per ferie. →
Hanno chiuso la ditta per ferie.

1 Il risultato venne riconfermato dall'Assinform.
2 La merce era stata assicurata dallo spedizioniere.
3 L'autostrada è stata inaugurata dal ministro dei trasporti.
4 Queste operazioni possono essere fatte da chiunque.
5 La rete è rimasta occupata per tre ore.

Exercise 94

Turn these active sentences into the passive form as in the example:

Elsa invita i colleghi a cena. →
I colleghi sono invitati a cena da Elsa.

1 Il sindaco domani riceverà la giunta comunale.
2 Nessuno aveva registrato il suo discorso.
3 Hanno licenziato Mario.
4 Chi ha preparato questo documento?
5 La maggioranza della popolazione mondiale parla il cinese.

7

Exercise 95

Translate these sentences into Italian using the passive voice or the **si passivante** whenever possible:

1 She was invited by the company to attend the conference.
2 The Internet is not being used by many people yet.
3 The rooms will be booked in advance.
4 Computers are used more in America than in Italy.
5 The computer must be connected to the keyboard.
6 Spaghetti must not be eaten with a spoon.
7 The new programme had been installed by an expert.
8 She was supposed to be the interpreter.
9 I was taught to drive by my wife.
10 The poster was put on the wall.

26   ASKING, ACCEPTING OR REFUSING

These are some expressions commonly used when accepting/refusing something and when asking/granting a favour, using formal or familiar forms of address:

1 How to ask for a favour:

Familiar:	**Senti un po' ...**
	Mi faresti un favore?
Formal:	**Permette che ...**
	Mi permette di ...
	Senta, potrebbe ...
	Le dispiacerebbe ...

2 How to accept an invitation:

Familiar	**Ma certo.**
	Sì, sì.
	Certo, grazie.
	Volentieri.
	Se non ti do troppo da fare.

| Formal | **La ringrazio molto.** |
| | **Non vorrei disturbare/dar da fare...** |

3 How to refuse:

Familiar	**Guarda, purtroppo non posso.**
	Scusa, sai, ma ...
	Mi devi scusare, ma ...
Formal	**La ringrazio molto ma purtroppo ...**
	Mi scuso molto.
	Mi dispiace, ma purtroppo ...
	Lo farei più che volentieri, ma ...

Exercise 96

Mario, Carlo and their managing director are at the Taormina conference mentioned in Conversation 1 and are trying to rearrange the afternoon schedule. Complete this conversation by answering in Italian using the polite expressions for accepting/refusing mentioned above:

Direttore   Senta dottor Fausti, vuole presentare lei il primo conferenziere oggi pomeriggio?

Carlo Fausti ....
            (I'm terribly sorry, I really would like to help but I'm afraid I have to give a seminar)

Direttore   È il sottosegretario al Ministero delle Finanze, sa. Non potrebbe chiedere a un collega di fare lui il seminario?

Carlo Fausti then decides to ask Mario to conduct the first seminar instead of him.

Carlo Fausti ....
[Mario, would you mind? Could you swap
with me and do the first seminar this
afternoon? I'll do yours tomorrow.]

Mario ....
[I'm sorry Carlo, but I just can't. I always
go jogging in the afternoon.]

Carlo Fausti   È il direttore generale che mi ha
suggerito il tuo nome, così io posso
essere libero di presentare il Ministro.

Mario   ....
(Well, in that case, tell him that I'd be
honoured to introduce the Minister myself.
And I hope you appreciate my sacrifice ...)

Carlo Fausti   (Sarcastico) Sei troppo gentile. No, no,
basta che tu faccia il mio seminario, al
ministro ci penso io, non posso certo
offendere il nostro Capo, ti pare?

Exercise 97

Translate the following revision sentences into Italian:
1 I apologise for not phoning earlier.
2 Sorry, I dialled the wrong number.
3 Are computers used much in Italy?
4 I was sent a new contract.
5 Driving makes you tired.

Lesson 8

The theme of this lesson is weekend activities – 'attività di fine settimana'. The lesson includes texts and conversations about:
- *family plans for a Saturday afternoon*
- *Italian attitudes to pets and sports*
- *an outing to the shops*

You will learn:
- *how to write formal and informal letters*
- *some useful expressions to use when clothes shopping*

The language points include:
- *sequence of tenses in the indicative and in the subjunctive*
- *use of definite articles*

CONVERSATION 1

Sabato pomeriggio dai Falcone

Mr and Mrs Falcone and their children Andrea (19) and Franca (11) discuss their plans for this Saturday afternoon:

PADRE   Cosa hai intenzione di fare oggi pomeriggio?

MADRE   Dipende, se Andrea sta in casa con la Franca io vado a fare un po' di spese in centro e tu?

PADRE   Devo rispondere alla lettera di un professore dell'università di Padova: mi ha invitato a fare una serie di conferenze sulla medicina sportiva. Dice che ci eravamo conosciuti a quel congresso che avevano fatto qui a Milano e, benchè non mi ricordi bene di lui, ci tengo ad andarci.

ANDREA   Sono impegnato, te l'ho già detto che al sabato mi piace andare in palestra a fare il body building...

FRANCA   Posso venire anch'io? Fanno anche l'aerobica, ci va anche la Cicci. Mi lasciate andare?

MADRE   Quanto vengono le lezioni?

FRANCA   Diece euro all'ora per le lezioni di gruppo: ma bisogna prenotarne almeno dieci.

PADRE	Beh, meglio in palestra che a guardare la televisione tutto il giorno.
ANDREA	Devo trascinarmi dietro anche queste due?
MADRE	Smettila di lamentarti, se non vuoi portarle in palestra, potete andare tutti e tre al parco a far fare una passeggiata al cane: se ti ricordi mi avevi promesso di aiutarmi il sabato pomeriggio in cambio dell'iscrizione al corso di body building...
ANDREA	Al parco con mia sorella, la sua amica e Rex? Piuttosto le porto in palestra...
FRANCA	Ottimo! Telefono alla Cicci. E, mamma, mi compri una tuta come la sua, ma in verde, visto che vai a far spese?
MADRE	L'aerobica sì, se tuo padre è d'accordo, ma per la tuta, vedremo...
PADRE	Allora, me ne vado in studio e, visto che sono di buon umore, porto Rex a fare la sua passeggiatina e preparo io la cena stasera.

NEW WORDS

quanto vengono	how much are they
tuta (sportiva)	tracksuit
visto che	while, since

NOTES

1 **la Franca, alla Cicci**
   Colloquially, women's first names are often used with the definite article.

2 **mi ha invitato ... , dice che ci eravamo conosciuti ... , che avevano fatto ...**
   Note the use of different tenses in Italian to indicate what happened in the recent or less recent past. As you will see in Section 30 on pages 195–196, the rules that govern the use of different tenses in reported speech are more rigid in Italian than in English. **Ci eravamo**

8

conosciuti and **avevano fatto** in English would
be translated as 'we met' and 'they organised'.

3 in studio

When referring to one's own house or office, shop,
etc, in Italian you omit the definite article with the
preposition in:

Noi mangiamo sempre in cucina. We always eat
in the kitchen.

Lavorano tutti in negozio. They all work at the
shop.

Ci vediamo in ufficio. We'll meet at the office.

You will find more on the use of the definite article
in Section 27 below.

Exercise 98

Answer these questions after reading or listening to
Conversation 1.

1 La madre cosa farà di bello oggi?

2 A chi deve scrivere una lettera il padre e perchè?

3 Chi avrebbe dovuto portar fuori il cane oggi
pomeriggio e perchè?

4 Andrea dove accompagna sua sorella oggi pomeriggio?

5 Che cosa si è offerto di fare il padre?

8

27 USE OF THE DEFINITE ARTICLE

In many cases a definite article is used in Italian when it
is also used in English, but there are several instances
when its usage differs as you will see below.

The definite article is used in Italian, but not in English, in
the following cases:

before possessive adjectives and pronouns, except with
the names of close relatives in the singular, and always
with **loro**:

I miei figli , mia cugina, il loro zio
with dates, hours and many other expressions of time:
il 2 agosto, sono le quattro

with expressions of measure, when in English you would use 'each' or 'every':
3 euro il (al) chilo, 60 chilometri all'ora, il lunedì

before titles:
la signora Rossi, il dottor Bianchi, l'ingegner Verdi
but not when these are used in direct speech as vocatives:
'Entri signor Rossi! Buongiorno dottor Bianchi.'

before names of countries, regions, large islands, mountains, rivers, lakes:
l'Australia, il Piemonte, la Sardegna, il Monte Bianco, l'Adige, il Tamigi, il Trasimeno

with abstract nouns, nouns denoting substances and used in a general sense:
la fede, la carità, l'arte, la medicina, etc
l'acqua, il vino, l'oro, etc
La donna vive più a lungo dell'uomo.

before plural nouns representing a whole category:
I Francesi sono molto ammirati in Italia.
I cani sono animali domestici.
Gli spaghetti vanno cotti al dente.

before surnames of famous people and all surnames in the plural:
La Duse, il Leopardi, la Loren, i Bianchi
BUT the names of some famous people are used without the definite article, either because they are first names:
Dante, Michelangelo, Raffaello, Tiziano
or to indicate their superior status as household names:
Verdi, Mazzini

with all nicknames:

I pittori come lo Spagnoletto, il Guercino.
Una famoso partigiano: La Primula Rossa.
Bologna è detta la Grassa.

colloquially, before the first names of women:
La Maria porta il cappello della Giovanna.

before the names of football teams:
il Torino, la Iuventus

instead of the English possessive when referring to
something belonging to the subject of the sentence
(parts of the body, belongings, etc.):
Mi sono lavata le mani.
Ho perso il portafogli.

after the verb **avere** followed by physical descriptions:
Enzo ha gli occhi neri.
Ho i capelli ricci.

before infinitives used as nouns (see Section 23, page 158):
Muoiono dal ridere. They are dying laughing.

28 OMISSION OF THE DEFINITE ARTICLE

The general rule is that the definite article is used more
often in Italian than in English but there are instances
when it is omitted in Italian, but not in English. These are:

before nouns used as appositions:
Asolo, città dalle cento viste.

after the preposition in when referring to rooms
belonging to the subject of the sentence:
Resto in ufficio.

after prepositions in some commonly used expressions:
in cima, a destra, a teatro, in spiaggia

Exercise 99

Complete these sentences by adding or omitting the definite article:

1 ... caccia e ... pesca sono molto popolari in Italia.
2 La racchetta da tennis è in ... cima all'armadio.
3 Hai mai parlato con ... avvocato Rossi?
4 Ti piacciono ... gatti?
5 ... Veronese è ... mio pittore preferito.
6 Ho letto una poesia di ... Foscolo e 'I Promessi Sposi' di ... Manzoni.
7 Ieri sono andata da ... Rossi a pranzo.
8 Guardo ... televisione e ... mio marito ascolta ... radio.
9 Sono ... otto e ... italiani si mettono tutti a ... tavola.
10 In centro ... pane e ... pasta costano 1 euro di più ... chilo.

Exercise 100

And now translate these sentences into Italian paying particular attention to the use of the definite article:

1 I don't believe in newspapers.
2 Do the Italians like rugby?
3 Mont Blanc is the highest mountain in Italy.
4 Titian's paintings are the most beautiful in the Museum.
5 George broke his leg skiing.
6 The aerobic class starts at 6 p.m.
7 I do the shopping by car every Saturday.
8 Iuventus is Andrea's favourite team.
9 Cats are said to be quite independent.
10 All their children have brown hair.

8

La traduzione di 'pet'

This passage is taken from Tim Parks' *Italiani*, published in Italy by Bompiani in 1995. The author, who lives in the Veneto region, describes the Italians' attitude to pets:

Forse il modo migliore per esplorare il rapporto tra i veneti e gli animali è quello di esaminare la normale traduzione della parola inglese 'pet', che in italiano si rende con 'animale domestico': il cane è un animale domestico.

Ebbene, in inglese è comunissimo dire alla propria ragazza, al moroso, alla moglie, marito, figlio, bambina, 'What a pet you are!', con il significato di, che delizia, che amore, che piacere, che coccolone che sei nell'intimità e nel calore della famiglia… Chiediamoci ora se sarebbe possibile dire, in italiano, 'Che animale domestico che sei'? No, non sarebbe una buona idea. Perchè significherebbe innanzitutto che l'oggetto del nostro affetto è solo un animale, l'opposto quindi dell'Homo sapiens, una specie più elevata, dotata di parola, pensiero e fucile a tracolla; secondo, sarebbe implicita nel termine una condizione di sottomissione, a indicare che lui o lei conosce il suo posto, non dà fastidio a nessuno e abbaia solo quando è indispensabile.

In breve gli italiani – o almeno i veneti – trattano i loro animali domestici diversamente dagli inglesi. Nel 90 per cento dei casi li lasciano fuori; non li lasciano entrare in casa e non si sognerebbero nemmeno di farli dormire ai piedi del letto. L'idea del proprio figlio che si lascia leccare la faccia dal cane – come mi capitava spesso quando ero bambino – farebbe inorridire la moderna mamma vicentina (e forse non avrebbe torto).

8

1 **moroso:** boyfriend, lover
Colloquial and rather outdated expression, but still used in the Veneto region.
2 **fucile a tracolla:** a gun slung over the shoulder
A reference to Italian men's passion for hunting (**la caccia**).
3 **ai piedi:** at the foot of
Note the use of the plural here and in other expressions such as:
a piedi on foot
su due piedi straight away
in piedi standing
da capo a piedi from head to foot

Exercise 101

Answer these questions after reading Text 1:

1 Come si traduce 'pet' in italiano?
2 Come definisce l'autore l'homo sapiens?
3 Secondo Tim Parks dove tengono il cane gli italiani?
4 Chi e quando si lasciava leccar la faccia dal suo cane?
5 ... e gli pare ancora una buona idea?

8

Quiz exercise

Still on pets, try to do this test, which appeared in the magazine *Oggi*. Check your score at the end – perhaps it will help you find out more about how Italian pets are treated:

Siete amico del vostro cane?

1 Il cane dorme in casa:

a) Lo lasciate dormire sul vostro letto.

b) Lo lasciate dormire dove vuole lui.

c) Lo lasciate dormire in un posto scelto da voi.

2 Il cane vi è accanto quando il televisore è acceso. Voi …

a) Regolate l'audio perchè il sonno non lo infastidisca.

b) Siete troppo interessati alla TV per occuparvi di lui.

c) Lo accarezzate spesso.

3 Durante la notte il cane gratta alla porta perchè vuole uscire dalla stanza. Voi …

a) Gli dite di starsene buono e zitto.

b) Vi alzate e gli aprite la porta.

c) Gli lasciate, prima di andare a letto, la porta socchiusa.

4 Il cane vi lecca con affetto. Voi …

a) Vi chiedete se non ci sia pericolo di contagio.

b) Pensate che sotto controllo sanitario non sia pericoloso.

c) Non vi ponete il problema.

5 Si parla di terapie per correggere certi comportamenti del cane. Cosa ne pensate?

a) Ne so troppo poco per rispondere.

b) Ne ho sentito parlare ma non credo che affiderei il mio cane.

c) Credo che lo affiderei se fosse necessario.

8

6 Quale di questi gesti vi sembra più grave per il cane?

    a) Tappargli gli occhi.

    b) Tirargli la coda.

    c) Strizzargli il naso.

7 Nel cane voi preferite …

    a) La disponibilità affettiva.

    b) La vicinanza continua.

    c) La docilità.

8 Le vacanze sono vicine. Voi …

    a) Non siete disposti a separarvi dal vostro cane a nessun costo.

    b) Cercate un amico a cui affidare l'animale.

    c) Cercate una buona pensione per cani.

9 Se un estraneo accarezza il vostro cane …

    a) Provate un vago fastidio.

    b) Provate orgoglio.

    c) Scrutate le reazioni dell'animale.

10 A Natale fate un regalo al vostro cane?

    a) Sì, un giocattolo con fiocchettino e biglietto.

    b) Sì, una specifica ghiottoneria per cani.

    c) No, pensate che sia festa solo per la gente.

Adesso controllate il vostro punteggio:

	1	2	3	4	5	6	7	8	9	10
a	3	2	1	1	3	3	3	3	1	1
b	2	1	3	2	1	1	2	2	3	3
c	1	3	2	3	2	2	1	1	2	2

Da 10 a 12 punti:
Potete essere definiti amici ESIGENTI. Siete disposti a fare per il cane a patto però che lui faccia per voi. Certo l'animale è disponibilissimo al mondo dell'uomo. Magari però, talvolta, gradirebbe da parte vostra un po' più di attenzione al suo mondo.

Da 13 a 23 punti:
Siete catalogabili some EQUILIBRATI, che cercano di
non dimenticare mai che il loro è un cane e ha
esigenze sue proprie da rispettare. Un consiglio?
Magari, qualche volta, lasciatevi andare. Il cane lo
gradirà senz'altro.

Da 24 a 30 punti
Vi siete prenotati un posto per entrare nella schiera
degli ENTUSIASTI, quelli per cui il cane è soprattutto
un'occasione di arricchimento affettivo. Un consiglio?
Magari ogni tanto chiedetevi se non state viziando un
po' troppo la vostra 'creatura'.

TEXT 2

Il puledro

This gentle and moving description of the birth of a colt is
taken from *Paese d'ombre*, written by Giuseppe Dessì in
1972:

La cavalla Zelinda, era ingrossata e aveva la pelle lustra e
tirata come un frutto maturo. Non c'era bisogno di essere un
intenditore per capire che il parto era imminente. La cavalla
batteva lo zoccolo, rimuoveva la paglia, poi guardava
Valentina coi suoi grandi occhi, come se aspettasse un aiuto.
   Angelo e Valentina prima di andare a dormire coprirono
Zelinda con una mordida coperta da scuderia.
   A letto non riuscirono a prender sonno. A un tratto si udì
un breve nitrito del puledro, un nitrito chiaro, infantile.
   Scesero di corsa le scale: Sofia afferrò la lucerna e alla luce
rossastra apparve il puledrino ancora tutto bagnato, ritto
quasi per miracolo sulle lunghe gambe tremanti. La madre lo
leccava senza sosta per asciugarlo. Il puledrino fece di nuovo
sentire il suo nitrito... Il puledrino stava già ritto sulle esili
gambe e faceva persino qualche passo. La madre,

8

spingendolo col muso lo scostava da sè, ma lui si voltava solo quanto gli bastava per insinuare la testa e mettersi a succhiare, scotendo di piacere il codinzolo biondo. Era magrissimo, con un testone ossuto, e come sua madre era sauro e aveva una lunga stella bianca che dalla fronte gli scendeva fino al muso roseo e morbido.

NEW WORDS

ingrossata	grown big
tirata	stretched
intenditore	expert
parto	birth
zoccolo	hoof
paglia	straw
coperta da scuderia	horse blanket
nitrito	neighing
afferrò	grabbed
lucerna	oil lamp
ritto	standing
esili	slender
scostava	pushed away
scotendo	shaking
ossuto	bony
sauro	bay horse

Exercise 102

Answer these questions after reading and listening to Text 2 carefully:

1 Come sappiamo che il parto è vicino?

2 Angelo e Valentina si addormentarono subito?

3 Come fecero a sapere che il puledrino era nato?

4 C'era la luce elettrica nella scuderia?

5 Di che colore erano il puledro e la madre?

8

Scriviamo agli altri

These useful guidelines on letter-writing are taken from an Italian textbook *Lingua Espressione e Comunicazione*, by G. Pittano (1987):

Secondo la persona a cui scriviamo, lo stile della lettera sarà confidenziale, colloquiale, cortese ecc.

La lettera è generalmente scritta secondo certe regole d'uso:
  – in alto a destra: luogo e data
  – più in basso a sinistra: indicazione del destinatario
  – a capo: il contenuto
  – in basso a destra: la chiusa.

La busta reca le seguenti indicazioni:
  – titoli, nome e cognome del destinatario
  – indirizzo: via e numero
  – codice postale e luogo di destinazione.

Le lettere ufficiali e commerciali hanno invece un altro stile e sono soggette a convenzioni burocratiche per quanto riguarda l'indirizzo, l'intestazione, il testo corrente, le formule di saluto ecc: la data va in alto a destra, l'indirizzo del destinatario più in basso a sinistra; la firma va in calce a destra e l'indirizzo del mittente a sinistra. Nelle indicazioni delle lettere ufficiali occorre specificare anche l'*oggetto*, cioè l'argomento della lettera. Non dimenticate mai di mettere il codice di avviamento postale prima del nome del luogo!

8

NEW WORDS

confidenziale	informal, friendly
destinatario	recipient
la chiusa	ending
codice postale	postal code
firma	signature
in calce	at the foot of the page
mittente	sender

Exercise 103

Answer these questions on letter-writing after reading Text 3:

1 Dove si mette il codice postale: prima o dopo il nome del luogo?

2 Dove si mette il proprio indirizzo?

3 Quando è necessario mettere l'*oggetto* della lettera?

4 La firma dove va messa in una lettera ufficiale?

5 Che cosa va messo in alto a destra, prima della data?

TEXT 4

Una lettera a un inquilino del condominio

This is a formal letter. Note the position of the sender's address and the way it starts and ends:

Londra, 22 novembre 2004

Rag. Mario Casali
Via Leoncino 37
37100 Verona

Egregio Ragioniere,

Le scrivo per metterLa al corrente della situazione riguardante lo scolo d'acqua dal Suo balcone di Via Marconi 6. Come Lei sa, al primo piano abbiamo una terrazza che dà direttamente sul cortile al pianterreno. Il cortile appartiene al Dottor Veneziani che nel corso del corrente mese ha notato acqua che scola dal muro e che sembra provenire dalla mia terrazza.

Ma il mio geometra ha fatto un sopraluogo e ha constatato invece che l'acqua esce dal Suo balcone al secondo piano e va poi a finire sul muro del mio appartamento, cioè il muro della cucina che è ora sempre umido.

Il dottor Veneziani si è messo in contatto con me e vuole che questo problema sia risolto il più presto possibile. Io non

8

posso far nulla non solo perchè sono qui a Londra e non posso recarmi a Verona fino al mese di gennaio, ma soprattutto perchè è Lei che deve porre rimedio a questa infiltrazione. Ho scritto anche all'amministratore del condominio per metterlo al corrente della situazione.

La pregherei quindi di risolvere la questione al più presto possibile poichè il muro esterno della mia cucina si sta rovinando e tutta questa umidità è pericolosa non solo per la salute ma anche perchè su quella parete ci passano i fili della luce.

In attesa di una Sua cortese risposta,
Distinti saluti,

(Annalisa Mazzari)

Annalisa Mazzari
[her address]

NEW WORDS

Rag. (ragioniere)	accountant
scolo	drainage
geometra	surveyor
sopraluogo	inspection, survey
parete	wall

NOTES

1 **Londra, 22 novembre**
   As we have seen in Text 3 of this lesson, only the name of the town is put at the top before the date; the sender's address is put under the signature.

2 **Egregio Ragioniere**
   This is how you would address a person of standing. Other examples:
   Egregio avvocato, Egregio signore, Egregio ingegnere.

8

When referring to a whole institution or company you must use **spettabile**:
Spettabile direzione, Spettabile Ditta Motta.
The Italian way of beginning, addressing and ending a letter may sound a little pompous to non-Italians, but it is considered courteous to follow these rules.

3 **in attesa di una cortese risposta:** looking forward to your reply
When referring to somebody's letter, card, etc., it is customary to add the adjective **cortese**.
Another example:
La ringrazio della sua cortese lettera del 3 gennaio.

4 **Distinti saluti** + signature bottom right
This is the customary way to end a formal or semi-formal letter.
A less formal ending: **Cordiali saluti/ Cordialmente/Tanti saluti** (best wishes)
An even more familiar ending:
Cari/Carissimi/Affettuosi saluti (Love/much love).

Exercise 104

Now imagine that you are Ragionier Casali and, a week later, write a letter of reply to Signora Mazzari, stating your case politely but firmly:

– Put address and date.
– Thank her for her letter.
– In so far as you are concerned there is no problem.
– Your small balcony is indeed above Mrs Mazzari's large terrace and when it rains they both collect a certain amount of rain but there is nothing you can do about it.
– The water does not come from your apartment it comes from the sky.
– Perhaps the drain on her terrace is blocked or is not working well.

8

– You are sorry you cannot be of more help but
  unfortunately this is her responsibility, not yours.
– End the letter with usual formal greetings.

Exercise 105

Now here is an example of a letter between friends.
Translate this letter from Carol to some acquaintances in
Italy, making sure that you follow the rules on letter-
writing given in Text 3 above:

> 23, Pembroke Lodge
> Roxborough Gardens
> Glasgow G2 7NJ
> 2nd November 2004

Dear Mario and Concetta,

Thank you for your letter and for the lovely photos of
our holiday in Jesolo. Mark and I had such a lovely
time there and we really enjoyed meeting you and your
family. As you can see we are trying to keep up with
our Italian and are using a book with CDs as well as
reading as much as we can. We are looking forward
to practising when you come to see us.

  Don't forget your promise to spend Easter in Scotland
with us. We have already planned lots of trips for
us to do together; we could go to the lakes or to the
mountains. But don't forget the weather may be rather
cooler than in Italy.

  We hope Lisa is enjoying university in Milan. And
how is your mother, Concetta? Did she enjoy her week
in Abano Terme? Please give her our regards.

  I enclose the photos we took – not as good as yours –
but we thought you'd have a good laugh at the one
with Mark and Mario asleep on the beach.

Best wishes,
(Carol)

8

Una lettera ufficiale

This official letter was written after a road accident:

Napoli, 30 gennaio 2005

Signor Antonio Peretti
Via Garibaldi 32
2300 TERAMO

Oggetto: comunicazione incidente stradale.

Egregio signore,

A seguito dell'incidente del 29 c.m. in Via Strozzi alle 23.20,
da Lei provocato con la Sua vettura Alfa Romeo targata MI
298445H, in cui il mio motorino Guzzi 125 targato TE
320400A ha subito considerevoli danni, tengo a comunicarLe
che terrò a Sua disposizione il mio motorino per una
settimana qualora Lei intendesse fare una Sua perizia
indipendente, dopo di che farò le necessarie riparazioni di cui
Le invierò la fattura.

Le sarei grato se potesse sollecitare il saldo della fattura
presso la Sua Compagnia di Assicurazioni, poichè ho bisogno
del motorino per il lavoro.

In attesa di una cortese risposta, Le porgo distinti saluti.

(*Remo Scola*)

8

Remo Scola
Via del Gesù 47
32560 NAPOLI

a seguito	following
provocato	caused
vettura	car
targata	with license number
motorino	scooter
ha subito	suffered
tengo a	I must
disposizione	disposal
qualora	in case
perizia	estimate
riparazioni	repairs
fattura	bill
sollecitare	to hasten, urge
saldo	settlement

NOTES

1 **Oggetto:** re
   In Italian this goes below the recipient's address and before the **Egregio signore**.

2 **Egregio Signore**
   In a formal letter the surname of the recipient is omitted, once his/her name and address are written at the top.

3 **c.m. = corrente mese:** referring to the present month.
   u.s. = ultimo scorso: when referring to previous months

4 **comunicarLe:** to let you know
   The capital letter for possessive adjectives and personal pronouns relating to the recipient is still used in formal and business letters.

5 **Le porgo distinti saluti:** Yours faithfully
   More formal than just: **Distinti saluti**.
   A more official ending, for example with a job application, would be in the third person: **Porge distinti saluti**, + signature.

8

Exercise 106

Answer these questions after reading Text 5:

1 Qual è l'argomento di questa lettera?
2 Chi è il mittente della lettera?
3 Il signor Peretti era in motorino?
4 Per quanto tempo resterà a sua disposizione il motorino?
5 Perchè dovrebbe essere responsabile dei danni il signor Peretti?

TEXT 6

Con i reni nuovi è diventato un campione

This article from the magazine *Gente* describes the sporting triumphs of Enrico, a young boy who has had a kidney transplant:

Alla nascita sembrava che Enrico avesse ben poche speranze di sopravvivere. Era affetto da una gravissima malattia congenita ai reni e i sanitari avevano fatto chiaramente capire che il suo destino era segnato. Ma poi c'era stato il miracolo. Gli sono stati trapiantati nuovi reni e, adesso, a tredici anni, Enrico è un mini-atleta che riesce a sbaragliare tutti gli avversari nel nuoto, nello sci, nel calcio, nel basket. Ha partecipato a competizioni internazionali in diverse parti d'Italia, in Francia, in Canada e ha collezionato un numero incredibile di premi.

La sua stanzetta è zeppa di coppe e di medaglie d'oro, d'argento e di bronzo.

Paffutello, biondino, i capelli lisci che gli ricadono sulla fronte, gli occhi vivacissimi, sempre pronto al sorriso, Enrico abita coi genitori vicino a Milano. [...]

'Sapeste che soddisfazione vederlo correre, nuotare, sciare, giocare al pallone', dice mamma Egidia. 'Per noi è come se fosse nato due volte.'

'Nel nuoto mio figlio ha già vinto due medaglie d'oro

8

ai 'Giochi olimpici' per 'trapiantati' che si sono svolti nel '93 in Canada. Nello sci ha invece conquistato quattro medaglie d'argento l'anno scorso in Francia ed eccelle anche nell 'atletica leggera' conclude con orgoglio il padre.

NEW WORDS

sopravvivere	to survive
reni	kidneys
sanitari	health team
sbaragliare	to rout
avversari	opponents
zeppa	packed, full
fronte	forehead
soddisfazione	pleasure
pallone	football

NOTES

1 **trapianti, trapiantati:** organ transplants, people with organ transplants

2 **paffutello:** chubby
The diminutive (see also Section 7, page 73) makes the description kinder and more sympathetic, at least when it applies to a child.

3 **i capelli lisci:** straight hair
Note the use of the definite article (see Section 27, pages 176–177).

4 **atletica leggera:** field events
Traditionally athletic events have been divided into **atletica leggera** and **atletica pesante** (wrestling, weightlifting, etc.).

8

Exercise 107

After reading and listening to Text 6, answer these questions:

1 Perchè Enrico ha avuto il trapianto dei reni?

2 Che sport fa il ragazzo?

3 Com'è Enrico fisicamente?

4 Dove e quando ha partecipato ai Giochi olimpici?

5 In che sport ha vinto medaglie d'oro e d'argento?

29 SEQUENCE OF TENSES IN ITALIAN

The sequence of tenses is more strictly observed in Italian than it is in English. As you have undoubtedly noticed in this book many Italian writers use long paragraphs, with main clauses followed by numerous dependent clauses. Many Italians speak in long sentences too!

In order to make the meaning clear it is therefore important to establish what is fact and what is a matter of opinion/uncertainty/possibility etc (by the use of different moods), as well as the sequence of events (by the use of tenses).

This is something you need to become familiar with. Authors such as Umberto Eco demonstrate the use of different tenses and moods very well in their writing.

The general rules for both indicative and subjunctive in dependent clauses are given in the sections that follow.

8

30 SEQUENCE OF TENSES IN THE INDICATIVE

Indirect or reported speech is used when we report what someone else has said. In Italian it is usually in the indicative mood (see also Section 6, page 59, about the occasional use of the subjunctive in indirect speech) and is introduced by verbs such as: **dire, affermare, dichiarare, sostenere, rispondere, raccontare**, etc:

If you want to turn direct into indirect speech, the tense of the verb usually changes:

1 If the verb in the main clause is in the present or future tenses, the verb in indirect speech remains in the same tense as in direct speech:

Direct Speech	Indirect Speech
Andrea dice: 'Vado a casa.'	**Andrea dice che va a casa.**

2 If the verb in the main clause is in the past tense (**passato prossimo, passato remoto, imperfetto, trapassato prossimo**), the verb in indirect speech changes according to the tense used in direct speech, as follows:

Present	Imperfect
Andrea diceva: 'Vado spesso al tennis.'	**Andrea diceva che andava spesso al tennis.**

Passato prossimo	Trapassato prossimo
Andrea ha affermato: 'Sono andato in piscina.'	**Andrea ha affermato che era andato in piscina**

Passato remoto	Trapassato prossimo
Lo scrittore rispose: 'Ci andai anch'io.'	**Lo scrittore rispose che c'era andato anche lui.**

Future	Past conditional
L'arbitro ha detto: 'Il giocatore sarà punito.'	**L'arbitro ha detto che il giocatore sarebbe stato punito.**

Imperative	Infinitive
Andrea ci dice: 'Andate alla partita!'	**Andrea ci dice di andare alla partita.**

8

Exercise 108

Put these sentences into indirect speech:

1 La mia amica mi ha detto: 'Andrò da sola in palestra.'

2 Franca affermava: 'L'aerobica è stata molto divertente.'

3 Il mio inquilino ha risposto: 'Io non ci credo.'

4 Carla dice: 'Non capisco questo gioco.'

5 L'allenatore dice ai giocatori: 'Mettetevi dietro al pallone!'

31 SEQUENCE OF TENSES IN THE SUBJUNCTIVE

1 If the verb in the main clause is in the present or future tense, the subjunctive is usually in the present or perfect tense:

Penso che lui vada via.   I think he's going.

Penso che lui sia andato via. I think he's gone/went.

The present subjunctive indicates that the two actions – in the main clause and in the dependent clause – are contemporaneous. The perfect subjunctive is used to indicate that the action in the dependent clause is past in respect to that in the main clause.

Note that the future tense can sometimes be used in the dependent clause:

Penso che lui non andrà via. I think he's not going.

2 If the verb in the main clause is in the past tense or in the conditional, the subjunctive must be imperfect or pluperfect:

Pensavo che andasse via.   I thought he was going/went.

Pensavo che fosse andato via. I thought he'd gone.

The imperfect subjunctive is used when the two actions in the main and in the dependent clause are contemporaneous.

The pluperfect subjunctive is used when the action in the dependent clause is past in respect to that in the main clause.

For the sequence of tenses in 'if' clauses see also Section 9, page 82.

Exercise 109

Transform the following sentences from direct into indirect speech using the introductory phrase given in brackets and changing the verbs when necessary:

1 'Sono appena tornato da Londra.' (Mario mi scrisse che...)

2 'Sono stanco, perchè ho dovuto aspettare quasi un'ora.' (Gino mi ha detto che...)

3 'Verrò a trovarti domani.' (Ti prometto che...)

4 'Non gli ho dato i soldi.' (Rosa disse che...)

5 'Parlate più adagio!' (Gli ho chiesto di...)

TEXT 7

Lezione di pugilato

This extract is from *L'Omnibus del Corso – Stampe romane*, by the Tuscan painter and writer Bino Sanminiatelli , published in 1941. The author describes boxing as seen through the eyes of a young boy whose idea of the sport is dramatically changed when he starts taking boxing lessons from a real heavyweight champion:

Tra le mie varie passioni da ragazzo, gran posto ebbe quella del pugilato. Fu una passione forte. Avevo sempre udito parlare della boxe in maniera approssimativa e buffa; ne avevo udito dire soltanto dai vecchi che avevano viaggiato.

Immaginavo due uomini con basette, Bill e Ted, due anglosassoni di una certa età, rotti a ogni avventura, dalla capigliatura rossa (oppuri calvi addirittura), un po' di pinguetudine, dei pantaloni attillati e una maglietta che aderiva alle lore forme rotonde le quali si dicevano allora atletiche. L'età? un che di mezzo tra i trenta e i cinquanta che per un ragazzo è la stessa cosa. E chi sa che all'immaginazione non avesse contribuito qualche vecchia stampa e, insieme, l'aspetto di quei signori che me ne parlavano imitandone gli atteggiamenti. Si muovevano incontro, i campioni della 'nobile arte' a pugno nudo, facendo roteare l'uno attorno all'altro gli avambracci piegati, digrignando i denti, dicendosi truci parole di sfida, dritti sul torso, col ventre sospeso tra le cosce inguainate nei pantaloncini con un fiocchetto sulle ginocchia, i polpacci potenti ben piantati sui piedi. Uno di quelli, un calvo dal collo taurino e dagli orecchi accartocciati, lo vedevo con la pipa in bocca e, di tanto in tanto, gettare un getto sprezzante di saliva. Un pugno ogni tanto: toccato! Un arresto, un saluto da amiconi; …

Mi sembrò quindi una cosa assai nuova sentire che a Roma [la boxe] era a nostra portata … Così andai in palestra. Il mio maestro era un uomo di mezza altezza, coi capelli ben ravviati, un'espressione simpatica, cortesemente sportiva. … Infilati i guantoni non per picchiare ma per parare e far finta di offendere (ogni tanto dava uno scappellotto, sorridendo, per far vedere che, se avesse voluto, avrebbe fatto di noi polpette); aveva il diavolo in corpo: si raggomitolava come un gatto, saltellava come un galletto, schivava come una scimmia. La sua faccia, introvabile, abbozzava uno strano sorriso di sfida, gli occhi gli balenavano vivi e ambigui. Allorchè veniva colpito si passava un guantone sul naso come gli prudesse o come per scacciare una mosca, e sorrideva ancora, ma con un sorriso che celava una smorfia …

Che differenza con quei due inglesoni dalle basette, dal naso arrubinato, Bill e Ted, piantati l'uno di fronte all'altro con bieco cipiglio, digrignando i denti e aspettando dritti e immobili il pugno che lentamente viaggiava per l'aria!

8

pugilato	boxing
accortocciati	cauliflower [ears]
basette	sideburns
sprezzante	contemptuous
calvi	bald
a nostra portata	available
pinguetudine	corpulence
ravviati	well brushed
attillati	tight
guantoni	boxing gloves
stampa	print, etching
picchiare	to beat, to hit
pugno nudo	bare knuckles
scappellotto	slap
avambracci	forearms
si raggomitolava	rolled up
digrignando	baring
schivava	feinted
truci	fierce
scimmia	monkey
sfida	challenge
balenavano	flashed
cosce	thighs
abbozzava	gave a hint
inguainate	encased
allorchè	whenever
polpacci	calves
prudesse	itched
ben piantati	firmly placed
celava	concealed

8

NOTES

1 **amiconi:** great friends
   In this case the augmentative suffix gives a friendly meaning to the word (see also Section 7, page 73). The same applies to **inglesoni** (see note 3).
2 **faccia introvabile:** *lit.* 'that could not be found'; here meaning 'unreachable'

3 **inglesoni ... bieco cipiglio ... dal naso arrubinato:** the big Englishmen ... with their fierce frown and red noses
These words are deliberately bombastic to emphasize the difference between the old, rather fat bare-knuckle fighters in their posed picture (and the young boy's idealised view of them) and the real thing, the true boxer, the boy's teacher who is much more threatening. The boy knows that his teacher could 'make mincemeat' of him: **Se avesse voluto, avrebbe fatto di noi polpette.**
4 **pugno:** fist, punch, blow
fare a pugni: to fight, to box

Exercise 110

Answer these questions after reading and listening to Text 7 carefully:

1 Che cosa aveva contribuito a creare nel ragazzo questa idea 'approssimativa e buffa' della boxe?
2 Quali parole descrivono bene l'espressione del maestro con e senza i guantoni?
3 A quali animali viene paragonato il maestro di boxe?
4 Perchè la faccia del maestro viene detta 'introvabile'?
5 E gli immaginari Bill e Ted portavano i guantoni?

8

Exercise 111

Rewrite the following sentences using the introductory phrase given in brackets. Make sure that the verbs are put into the correct tense of the subjunctive:

1 La stampa mostra due pugili inglesi. (Mi pare che ...)
2 Il maestro ha una corporatura atletica. (Il ragazzo pensava che ...)
3 Il campione del mondo guadagna più di 200.000 euro all'anno. (Si dice che ...)
4 Non ho ricevuto la sua risposta. (Aveva paura che ...)
5 Erano rimasti soli tutto il giorno. (Speravo che non ...)

Exercise 112

Signora Falcone has just come back from her shopping and tells her daughter all about it. Now turn what she says into indirect speech, starting each sentence with:

La signora Falcone ha detto che aveva deciso di ...

1 'Ho deciso di lasciare a casa la macchina e ho preso la metropolitana fino al Duomo.'
2 'Mi sono fermata alla Rinascente e sono salita al reparto arredamento.'
3 'Mi sono lasciata tentare da questi due bei barattoli di Alessi.'
4 'Poi ho visto un magnifico paio di scarpe da Magli.'
5 'Purtroppo mi andavano un po' strette e ci ho rinunciato.'
6 'Alle 5 mi sono trovata con Martina a prendere il tè.'
7 'Non penso che Martina sia molto contenta dei suoi acquisti.'
8 'Infatti poi lei è tornata in via Spiga a cambiare un golfino.'
9 'Io invece sono andata in rosticceria e ho comprato un po' di antipasto.'
10 'L'unico acquisto un po' frivolo è questo foulard di seta di Missoni.'

8

Exercise 113

Study the following expressions used when shopping for clothes:

Che misura desidera?
What size would you like?
Sono in svendita?
Are they in the sale?
Ha guanti di pelle/camoscio /capretto/foderati?
Do you have leather, suede, kid, lined gloves?
Mi fa vedere ...
Could I see...
Il maglione è troppo largo/stretto, corto/lungo.
The jumper is too loose/tight, short/long.
col collo alto, a giro collo
with polo neck,/round neck
di misto lana/cotone/seta
of wool and other material/cotton/silk
Un paio di calzoni/pantaloni da donna/da uomo.
A pair of men's/women's trousers

Now complete the dialogue below using some of the Italian expressions given in the list to fill the gaps:

Commessa Buongiorno, signore, desidera?

You   ....
            *(Say that you would like a pair of trousers, and
            ask if they have any in the sale.)*

Commessa Sì, certo. Si accomodi al pianterreno e le
            faccio vedere cosa abbiamo.

You   ....
            (Could I try these? Are they suitable for winter?)

Commessa No, sono un po' leggeri, provi questi, sono
            di lana. Va bene il colore?

You   ....
            (Yes, I like them. How much are they?)

8

You have tried the trousers and decided to buy. Now look for a couple of presents:

Commessa Desidera altro?

You ....
(I'd like to look for something for my wife: a scarf or a smart jumper.)

Commessa Abbiamo dei bellissimi foulard di marca: Versace, Armani, Gucci...

You ....
(Could you show me some – something classic not too bright and not too expensive.)

Commessa Certo. E le interesserebero anche questi maglioncini di lana d'angora, sono molto di moda quest'anno.

You ....
(Well, perhaps for my daughters, but you must help me with the sizes.)

You have now bought two jumpers, a pair of trousers and a silk scarf.

Commessa Allora 120 euro i pantaloni, 30 euro il foulard e 150 euro i due maglioncini. Beh, facciamo 300 euro in tutto.

You ....
(Could I use a credit card?)

8

SEQUENCE OF TENSES: 'TRAPASSATO REMOTO'

This Italian tense is formed by the **passato remoto** of the auxiliary verb + past participle. It is used very rarely and then only in writing: the other pluperfect, the **trapassato prossimo**, has now taken its place.

The **trapassato remoto** is only used in subordinate clauses when there is a **passato remoto** in the main clause and the dependent clause is introduced by **dopo che, quando, appena che**. Umberto Eco uses it in *Il nome della Rosa*:

Quando ebbi copiato Guglielmo guardò.
When I had copied it Guglielmo looked.
Two other examples:
Appena ebbe finito la lettera la imbucò.
As soon as she finished the letter she posted it.
Lo intervistarono dopo che venne eletto.
They interviewed him after he was elected.

Note: when **appena** means 'just' it requires the **trapassato prossimo** and is put after the auxiliary verb:
Aveva appena mangiato quando il telefono suonò.
She had just eaten when the phone rang.

Exercise 114

Translate these sentences into Italian:

1 Mark went to the gym after he realised that his mother had already taken the dog to the park.
2 I heard that the house had been bought by Mr Bruni.
3 They told me that doctor Fiorini would not take part.
4 The Rossi's went to play tennis at 6 o'clock.
5 It is said that as soon as Michelangelo finished his statue of Moses, he asked the statue why it did not talk.

8

Key to Exercises

Lesson 1

Exercise 1: 1 Perchè in aereo ha paura. **2** Atterrerà alle 15.10.
3 Li aspetterà il figlio, Carlino. **4** Perchè Carlino guida come un
pazzo. **5** Carlino aveva rovinato il paraurti e la portiera della
macchina. **6** Guiderà Massimo.

Exercise 2: 8, 4, 5, 7, 3, 6, 1, 2.

Exercise 3: 1 Andava in montagna. **2** No, ci andava d'estate.
3 Suo padre e i suoi fratelli. **4** Chiacchieravano e giocavano.
5 No, lui leggeva nella parte opposta della casa.

Exercise 4: 2 to let. **3** tenant. **4** rent. **5** contratto d'affitto.

Exercise 5: 1 Erano, faceva. **2** volevano. **3** andavamo. **4** avevi.
5 uscivo. **6** studiava, conoscevate. **7** veniva. **8** pioveva.
9 prendevamo. **10** camminavano.

Exercise 6: 1 Sono andata/o a Roma e il Museo del Vaticano era
chiuso. **2** Maria aveva mal di stomaco e ha preso una pastiglia.
3 Sono arrivati/e in ritardo perchè non sapevano la strada.
4 I ragazzi non hanno telefonato perchè non avevano gettoni.
5 Che cosa è successo mentre stavi alla spiaggia? **6** Mario non è
venuto perchè non sapeva l'indirrizzo. **7** Camilla leggeva il giornale
quando è entrato il direttore. **8** Non ti ho aspettato perchè avevo
fretta. **9** Arturo ha bevuto una cedrata perchè aveva sete.
10 Non ho guardato quel film perchè era doppiato.

Exercise 7: Il mio compagno di camera **dormiva** ancora e
russava come un camion in salita. **Sono uscito** silenziosamente di
casa e **sono salito** sulla mia Ferrari che **stava**, come sempre, al
solito parcheggio, **ho innestato** la marcia e **sono partito** come un
pazzo. Mi **sono** subito **accorto** che dietro a me c'**era** una
macchina. Ogni volta che **acceleravo** anche la macchina
accelerava. **Era** una Cadillac nera 1960. **Ho guardato** bene nello
specchietto retrovisivo. La **guidava** un tizio grosso che **aveva** una
cicatrice sulla guancia destra. E **ho visto** che la sua giacca **aveva**
un rigonfiamento. Mi **sono infilato** in una strada deserta, **ho
frenato** di colpo e poi **sono saltato** giù.

Exercise 8: 1 Piovene è di Vicenza. **2** Perchè secondo lui è basata
sulla fantasia e sul piacere. **3** Li ha notati in Inghilterra e in
America. **4** Perchè bisogna vederle nel loro ambiente veneto
["vicino ai monti ... in una luce rosea ... semiorientale"]. **5** Come
signori di media potenza e di scarso peso politico, ma vanitosi.
6 No, perchè il Palladio si concentra sulla facciata e sul piano nobile.
7 La rusticità è dovuta al carattere montano della regione e a una
certa avarizia dei proprietari.

Exercise 9: Quel martedì di giugno **ho cominciato** la giornata
svegliandomi al buio. **Ho preso** la sveglia dal comodino: non
erano ancora le nove, **ho visto** con stupore, per me che di solito
dormivo fino alle dieci e oltre, **era** un chiaro sintomo di
apprensione. Mia madre, sentendomi muovere, **è andata**

automaticamente a prepararmi il caffè, e io, dopo un bagno di cui **avevo** bisogno da tempo, **ho indugiato** a radermi con meticolosa attenzione. C'**erano** ancora quattro ore da far passare. **Ho bevuto** il caffè e poi **mi sono avviato** lentamente verso la fermata del tram. **Sono salito** sul tram dalla parte anteriore perchè **avevo** la tessera da invalido e, quando **sono sceso, ho notato** che l'orologio in Piazza Statuto **era** guasto: le lancette non **si muovevano** dalle 15 e 20. L'importante, **pensavo**, **era** di aver pazienza, tutto **finiva** per cascarti in bocca, se **sapevi** aspettare. Self-control, la grande regola degli inglesi: **bisognava** sapersi contenere!

Exercise 10: 1 Perchè lì c'è la vecchia fabbrica Bugatti. **2** Vuol dire automobile. **3** Perchè aveva progettato le famose Bugatti. **4** Era ebanista. **5** Si possono vedere fotografie d'epoca, alcune famose Bugatti e mobili Liberty. **6** No, è nell'Italia settentrionale.

Exercise 11: 1 Partono da Genova. **2** Perchè hanno cabine con servizi privati, ristorante, bar, discoteca, piscina e centro fitness. **3** Ne possono trasportare 800. **4** L'anno prossimo. **5** Sì, si può andare a Malta e anche in Tunisia. **6** Vuol dire che questi cruise-ferries sono navi da crociera non semplici traghetti .

Exercise 12: 1 Per protestare contro l'eccessivo 'moto ondoso'. **2** Per il momento ne vogliono trasformare solo quattro. **3** Ce ne sono circa 400. **4** Vogliono protestare contro il Comune. **5** No, corrode anche le fondamenta dei palazzi.

Exercise 13: 1 Quando ero giovane (da giovane) passavo le vacanze in montagna. **2** Ieri abbiamo avuto un incidente in autostrada e abbiamo dovuto cambiare la portiera della macchina. **3** Quando sono andato/a a Vicenza l'anno scorso ho visto molte ville del Palladio. **4** Avevamo comprato un bell'appartamento a Diano Marina, ma l'estate scorsa l'abbiamo dato in affitto perche avevamo troppo da fare per andarci. **5** Quell'anziano signore era caduto dall'autobus e si era fatto male al ginocchio.

Lesson 2

Exercise 14: 1 Gli operai più anziani **lo** squadrano e se lo mangiano di **occhiate**. **2** I principali **tornati** da un lungo viaggio non **si scomodano** neppure a guardarlo troppo. **3** Appena al secondo giorno, [Teodoro] **è già stanco del lavoro**. **4** Il giovedì lavora **ininterrottamente** per **approntare** la **biancheria** di due navi inglesi. **5** Quei pochi soldi della paga sono **una delusione!** **6** Sabato **prende la paga**. **7** Con la paga Teodoro sogna che si comprerà **molte cose**. **8** Accetta che Anna prepari **la colazione** perchè così la gita **costerà meno**.

Exercise 15: 1 Che ne so io, ci avranno pensato. **2** Forse vorrà dire di no. **3** Ma!, faranno sciopero! **4** Non so se ci metterà un'ora. **5** Ma!, l'avranno letta!

Exercise 16: 1 vero. 2 falso. 3 falso. 4 vero. 5 vero. 6 falso.

Exercise 17: 1 Dressmaker/taylor 2 Mechanic 3 Firefighter 4 Carpenter 5 Courier 6 Builder 7 Hairdresser 8 Gardener 9 Butcher 10 Shoe mender 11 Plumber 12 Cleaner

Exercise 18: 1 Il corriere recapita i pacchi a domicilio. 2 L'addetto alle pulizie lava e lucida i pavimenti. 3 Il muratore costruisce un nuovo garage. 4 Il falegname fabbrica e ripara mobili. 5 La sarta taglia e cuce vestiti da donna. 6 Il meccanico cambia l'olio e controlla i freni. 7 Il macellaio pesa le bistecche di manzo. 8 Il parrucchiere lava e taglia i capelli. 9 Il pompiere spegne l'incendio. 10 L'idraulico aggiusta il rubinetto del bagno. 11 Il giardiniere innaffia il giardino. 12 Il calzolaio suola e mette i tacchi alle scarpe.

Exercise 19: 1 Il corriere recapiterà i pacchi a domicilio. 2 L'addetto alle pulizie laverà e luciderà i pavimenti. 3 Il muratore costruirà un nuovo garage. 4 Il falegname fabbricherà e riparerà mobili. 5 La sarta taglierà e cucirà vestiti da donna. 6 Il meccanico cambierà l'olio e controllerà i freni. 7 Il macellaio peserà le bistecche di manzo. 8 Il parrucchiere laverà e taglierà i capelli. 9 Il pompiere spegnerà l'incendio. 10 L'idraulico aggiusterà il rubinetto del bagno. 11 Il giardiniere innaffierà il giardino. 12 Il calzolaio suolerà e metterà i tacchi alle scarpe.

Exercise 20: 1 falso. 2 vero. 3 vero. 4 falso. 5 vero.

Exercise 21: Secondo l'ingegner Granelli gli *IBM-men* devono essere alti, **magri**, vestiti di scuro e pieni di voglia di **far carriera**. Invece Luca pensa che se a uno la carriera non **sembra** tanto importante: gli altri, gli **arrivisti** dovrebbero essere contenti, se non altro perchè hanno un avversario **di meno**. Grunelli spiega poi che il potere piace proprio perchè **suscita** invidia e se quelli che **stanno** sotto la smettono di invidiare, che divertimento ci sarebbe ad avere il potere? le regole **vanno** rispettate: **chi** sta sopra deve godere e **chi** sta sotto deve **patire**. Anzi Luca dovrebbe ricordarsi di andare dal **suo capo** a **lamentarsi** che non sta facendo carriera.

Exercise 22: 1 C'è chi rispetta le regole e chi fa quel che vuole. 2 Ride bene chi ride ultimo. 3 Mi arrabbio con chi non dice la verità. 4 Chi lo conosce lo ammira molto. 5 C'è chi lavora e chi non fa niente.

Exercise 23: 1 chi. 2 quello/ciò che. 3 quelli che. 4 ciò/quel che. 5 chi ... chi.

Exercise 24: Beh, fino a un certo punto. La signorina Bonaventura ha esperienza di editoria ma non come rappresentante. E Meneghini è un esperto rappresentante ma lavora per una casa editrice da solo 6 mesi ...

Per quanto riguarda l'esperienza sì, ma la sua scarsa conoscenza dell'inglese mi preoccupa ...

Appunto. Quindi guardiamo le doti positive della signorina Bonaventura: buona comunicativa, ha lavorato in Inghilterra, è pratica di editoria …

Ma solo se è d'accordo Lei.

Exercise 25: 1 Signorina Bonaventura, abbiamo il piacere di comunicarle che la sua domanda di lavoro ha avuto successo e vorremmo offrirle il posto di rappresentante per l'Inghilterra. Ci sono alcune faccende amministrative da risolvere, ma dovremmo essere in grado di mandarle il contratto per la fine di questa settimana. Potrebbe cominciare all'inizio del mese prossimo? **2** Signor Meneghini, siamo rimasti impressi dalla sua domanda di lavoro e dalla sua esperienza di rappresentante, ma come lei sa, dobbiamo stabilire una nuova agenzia in Inghilterra e abbiamo bisogno di qualcuno che parli bene l'inglese. Purtroppo quindi non possiamo offrirle questo posto, ma le facciamo i nostri più sinceri auguri per il futuro.

Exercise 26: 1 I figli dei dipendenti di Montecitorio con più di 100 di laurea e 40 alla maturità. **2** Mille euro. **3** Agli studenti con quaranta sessantesimi alla maturità. **4** Chi si laurea con 110 e lode. **5** Chi non riceverà un premio.

Exercise 27: 1 Il comitato ha deciso che avrebbero aperto una nuova filiale. **2** … che avrebbero finito le trattative entro aprile. **3** … che il nuovo contratto sarebbe durato fino al 2004. **4** … che il capitale sarebbe aumentato del 10%. **5** … che avrebbero firmato l'accordo coi sindacati.

Exercise 28: 1 Parla, o meglio ringhia, Minosse. **2** I will decide who goes to Hell. **3** Sì, perchè lo fanno senza necessità. **4** Perchè lo fanno per necessità (sbadigliano nelle sciarpe). **5** Nella prima strofa ci sono quelli che sono o sembrano importanti, nella seconda ci sembrano tutti più simpatici, forse più umili. **6** I ragionieri tengono la contabilità.

Lesson 3

Exercise 29: 1 pessimo. **2** brutta/bruttina. **3** di cattivo gusto. **4** elegante/ ordinata. **5** semplice. **6** agitata. **7** senza buon senso. **8** intelligenti/ furbe. **9** mal preparata/ignorante. **10** soddisfatte/contente.

Exercise 30: Ma cosa dici? No che non ha ragione (ha torto)! Sono d'accordo con quelle che ridono di lui e che pensano che sia matto…

… soprattutto una moglie che non sia un'intellettuale e non voglia avere una vita sua o un lavoro suo …

Appunto! Una donna, secondo lui, deve solo esser colta così può tenere la casa, saper come trattare la cameriera e insegnare ai bambini la differenza tra il condizionale e il congiuntivo! …

Certo! Ed è anche importante che abbia il senso dell'umorismo. È proprio per questo che Romeo non riesce a trovare la moglie perfetta.

Exercise 31: 1 sappia. **2** spendiate. **3** mi arrabbi. **4** fumino. **5** abbia. **6** contraddica. **7** conosca. **8** sia. **9** insegnino. **10** si fermino.

Exercise 32: 1 abbia. **2** ti comporti. **3** cominci. **4** imparino. **5** voglia. **6** resti. **7** vadano. **8** ripeta. **9** venga. **10** porti.

1 Romeo is looking for a wife, although he has great difficulty in finding her. **2** I'll take you out as long as you behave yourself. **3** I will phone you before the film starts. **4** I'm sending my children to England to learn English. **5** Tonight we are staying at home, unless you want to go out. **6** I don't understand why he wants to stay in town in the summer. **7** Although everybody is going on holiday, the town is very crowded. **8** I understand very well without you having to repeat it to me. **9** Try to get Mario to come as well! **10** Mario is coming, provided that you bring the children.

Exercise 33: 1 conosca. **2** dica. **3** diano. **4** aiuti. **5** abbiano. **6** stiri. **7** possiate. **8** sia. **9** guardi. **10** vada.

Exercise 34: 1 ciabatti. **2** badi. **3** voglia.**4** sia. **5** abbia. **6** sappia. **7** spenda. **8,9,10,11,** sappia. **12** sappiano. **13** siano.

Exercise 35: 1 Dice che gli danno sui nervi perchè si sbaciucchiano e sussurrano. **2** Perchè pensa che sia una pettegola. **3** Con Anna e Stefano. **4** Spera che gli presentino una bella ragazza. **5** Perchè ha paura che cominci a far lo stupido.

Exercise 36: 1 Chissà che non si compri una macchina. **2** Chissà che non vengano al weekend. **3** Chissà che non ritornino la settimana prossima. **4** Chissà che non l'abbia già trovato! **5** Chissà che non arrivi in orario!

Exercise 37: 1 È un ippocastano. **2** Le radici calpestate, l'orina dei cani, la polvere settica. **3** A causa dell'aria inquinata della città. **4** Forse sì?

Exercise 38: 1 fratelli e sorelle. **2** nonni. **3** nipote. **4** nipote. **5** cugina. **6** cognato. **7** suocero. **8** suocera. **9** genero. **10** nuora.

Exercise 39: 1 Perchè sua madre ha già fatto amicizia con la madre di Renzo. **2** La sorella di Musetta. **3** È il calzolaio. **4** Allo Spaderini e anche a Renzo. **5** Lui pensa che sia grande, ma non la è.

Exercise 40: 1 Il primo e il quarto sono scritti da donne. **2** Poste restante – Driving licence. **3** No, perchè è meridionale. **4** Potrebbe essere l'uomo del secondo annuncio. **5** Perchè è l'unico che dia [da] nome e indirizzo.

Exercise 41: 1 vivono ancora con i genitori. **2** la ditta si è trasferita a Milano. **3** maestra, farà fatica a trovar lavoro. **4** era già indipendente. **5** non ci sono molti posti e mancano anche gli alloggi e i sussidi. **6** trovano comodo stare con i genitori, senza spese e senza responsabilità. **7** Luigi aveva visto molti senzatetto. **8** non aiuta i giovani. **9** non hanno i soldi per mantenerli. **10** informarsi se ci sono corsi di tirocinio o di formazione professionale.

Exercise 42: 1 side plate. **2** small carts/go-carts. **3** go-carts, small board, small wheels/castors, pieces of string. **4** little old man, small heaps. **5** shorts, tee shirt. **6** small/tiny woman. **7** young boy, kiosk/stand. **8** small vase. **9** large pistol. **10** small fountain.

Lesson 4

Exercise 43: 1 Alle 19 e alle 22.30 su Raitre e alle 19 sulla Rete 4. **2** Sì, [cinque film il 7 giugno]. **3** Su Raiuno. **4** Su Raiuno. **5** Sceglerei la Rete 4. **6** Guarderebbero Raidue alle 13.55, Raiuno alle 15.45 e il Canale 5 alle 16. **7** Alle 20.30 sulla Rete 4.

Exercise 44: 1 avessi. **2** fossero. **3** veniste. **4** finisse. **5** stessi.

Exercise 45: 1 Si fa nei locali del centro. **2** Fanno pagare il biglietto d'ingresso e selezionano le persone che vogliono ammettere come se fosse un privilegio. **3** Perchè vogliono compagnia e sperano di far amicizia o di trovare una ragazza. **4** Perchè i carontini hanno accesso ai locali e fanno risparmiare soldi e discussioni coi buttafuori. **5** Le trasporterebbe nelle bolge dell'inferno. **6** 'Il centro lugubre come lo Stige … ombre … tetre bande … traghettandole … il trottar vano.'

Exercise 46: Uscirei volentieri, ma non voglio spendere troppo. Cosa potremmo fare? …

Va bene. Ma preferirei mangiare la pizza. Potresti aspettare mentre [finchè] mi cambio? …

Così le devo dire una bugia per te? Speriamo che non telefoni …

Sì, grazie. Mi puoi ordinare un bicchiere di birra? …

5 minuti al massimo, a meno che non telefoni Luisa, naturalmente.

Exercise 47: 1 vero. **2** vero. **3** falso. **4** falso. **5** vero.

Exercise 48: 1 Prenoterei i posti se il teatro non fosse troppo lontano. **2** Andrei in platea se non costasse troppo. **3** Prenderei un aperitivo se non avessi fretta. **4** Verrei con voi se non dovessi lavorare sabato. **5** Leggerei quel romanzo di Buzzati se non lo trovassi così difficile.

Exercise 49: 1 No, si usava anche per i film italiani perchè i registi spesso usavano attori presi dalla strada e non avevano neppure la sceneggiatura. **2** Era il periodo del dopoguerra. **3** Sarebbe meglio doppiarlo per apprezzare di più le immagini e il dialogo, purchè la traduzione sia fatta bene. **4** Imparano a ricreare le emozioni dei personaggi e a sincronizzare ogni battuta con il movimento delle labbra degli attori sullo schermo.

Exercise 50: 1 potessi. **2** fossero. **3** avessero. **4** dominassero. **5** avesse. **6** volesse. **7** costassero. **8** criticassero. **9** concedesse. **10** facessero.

Exercise 51: 1 No, non credo che abitasse a Roma. **2** No, non credo che fossero doppiati. **3** No, non credo che facesse pagare l'ingresso. **4** No, non credo che costassero molto. **5** No, non credo che mostrasse molti film stranieri.

Exercise 52: 1 No, sostiene di essere troppo introverso, timido e fragile per questa professione! **2** Perchè l'ha fatto da cinquant'anni e non ne ha più voglia. **3** Sì, gli dispiace di non aver interpetato King Lear. **4** No, anzi, pensa che sia un brutto segno.

Exercise 53: 1 Gli spagnoli leggono più quotidiani. **2** I francesi leggono più romanzi e poesie. **3** Gli italiani leggono più riviste. **4** I francesi leggono meno quotidiani di tutti. **5** Ne leggono di più in Francia. **6** Topolino è un fumetto, e l'Unità e il Corriere della Sera sono quotidiani.

Exercise 54: 1 Se non **dovessi** uscire, **potrei** finire quel romanzo di Umberto Eco. **2** Se non **stessi** in casa, non **guarderei** la televisione. **3** Se **leggessi** più giornali, **mi metterei** più al corrente con quel che succede. **4** Se la nostra famiglia **avesse** il videoregistratore, i bambini **andrebbero** a letto troppo tardi. **5** Se la commedia non **fosse** troppo lunga, ci **porterei** anche i miei figli.

Exercise 55: 1 Non posso andare in quel locale **a meno che** tu **non ci vada** con me. **2** La Callas recitava e cantava senza occhiali **benchè fosse** molto miope. **3** I critici hanno molto criticato la nuova Tosca **malgrado cantasse** Pavarotti. **4** I ragazzi vanno al liceo musicale a 13 anni **purchè superino** l'esame d'ammissione. **5** Verdi divenne il simbolo del Risorgimento **nonostante che** le autorità **avessero** spesso messo al bando le sue opere.

Lesson 5

Exercise 56: 1 No, gliele fanno pagare care. **2** Lo dice Antonio. **3** Ha disturbi di circolazione. **4** La cerca per prender la pillola (*o forse per togliersi dai piedi* ...). **5** Li ha visti nei film. **6** Glielo dice la moglie. **7** 'La circolazione è tutto?' o 'Vent'anni si fanno una volta sola' o 'La vita è una sola'... *scegliete voi!*

Exercise 57: 1 Sì, **le** vuol molto bene. **2** Sì, vengo con **lei**. **3** Sì, **gli** telefono tutti i giorni. **4** Sì, **la** prendo io. **5** Sì, **ci** resto.

Exercise 58: 1 Sì, **la** apro. **2** Sì, **gli apro** la porta. **3** Sì, **gliela apro**. **4** Sì, **le ordino**. **5** Sì, **vi ordino** le medicine. **6** Sì, **ve le ordino**. **7** Sì, **la dico**. **8** Sì, **le dico** la verità. **9** Sì, **gliela dico**.

Exercise 59: Il protagonista racconta che il cuore **gli** tremava ogni volta che vedeva Margherita e **gli** piaceva molto lavorare accanto a **lei** perchè Margherita aveva sempre una parola da dir**gli** e un discorso da far**gli**, ma suo fratello era geloso di **lui**. Un giorno, vedendo**li** discorrere insieme, **gli** aveva gridato di andarsene. Allora lui aveva preso la giacca e **se ne** era andato senza far**selo** ripetere. Aveva 14 anni e il cuore e la testa **gli** erano abbastanza caldi. Quando lui **le** ripeteva le poesie, Margherita **lo** guardava con ammirazione, **gli** aveva anche detto che era tanto buono e intelligente e poi l'aveva fissato negli occhi e lui l'aveva vista cambiar colore e il cuore **gli** era balzato nel petto.

Exercise 60: 1 Dobbiamo lasciar**gliele/Gliele** dobbiamo lasciare. **2** Preferisco non veder**lo** oggi. **3 Ne** abbiamo solo due. **4 Ve** l'ha dett**a? 5** Volete mandar**glieli/glieli** volete mandare? **6** Non

disturbar**li! 7 Lo** capisco bene e **lo** parlo abbastanza bene. **8** Spedite**glielo! 9** Potresti portar**la** in macchina?/**La** potresti portare in macchina? **10** Telefonate**gli** subito!

Exercise 61: 1 Sì, **gliel'ho** confermat**a 2** Sì, **gliel'ho** mandato. **3** Sì, **gliel'ho** chiesta. **4** Sì, **gliel'ho** restituito. **5** Sì, **gliel'abbiamo** fissato. **6** Sì, **me** l'ha fatt**a.7** Sì, **ce** l'ha dato. **8** Sì, **gliel'ho** dat**a**. **9** Sì, **glieli abbiamo** comprat**i**. **10** Sì, **me ne sono** accorto.

Exercise 62: 1 Perchè era svenuta al supermercato. **2** Le girava la testa, aveva nausea e si stancava facilmente. **3** Sì, gliele ha controllate. **4** Perchè il medico pensa che sia incinta. **5** Che Lisa aspetta un bambino.

Exercise 63: 1 Mi sono fatto/fatta male alla gamba. **2** Si è messo le scarpe. **3** Ci siamo incontrati all'università. **4** Maria non si sente bene. **5** Non si è arrabbiata con lui? **6** Ti sei ricordata di prendere la madicina? **7** Mi girava la testa e mi sono seduta/seduto. **8** Maria si è lamentata che aveva mal di pancia. **9** Quando si sono fidanzati? **10** Si sono sposati e si sono comprati una casa in campagna.

Exercise 64: 1 se l'è cavata. **2** te la sei (sia) presa. **3** ce l'hanno messa tutta. **4** me la sono vista brutta. **5** se la sono data a gambe.

Exercise 65: 1 L'aveva scoperto Padre Ranieri. **2** Allevia il mal di schiena (e i dolori muscolari e gottosi). **3** L'ippocastano. **4** Tonifica la pelle. **5** Se ne consiglia un bicchierino dopo i pasti.

Exercise 66: 1 Guida così veloce; prima o poi avrà un brutto incidente. **2** Martedì prossimo compio trent'anni. **3** Ho perso una sorella e un cognato il giugno scorso. **4** Ne ho sentite di tutti i colori sul tuo nuovo capo. **5** È morto d'infarto. **6** Non ci rendiamo conto di quanto siamo fortunati a essere così sani.

Exercise 67: 1 falso. **2** vero. **3** falso. **4** vero. **5** vero.

Lesson 6

Exercise 68: 1 Nel 1966. **2** Sì ce n'erano state 59. **3** Era nel Museo dell'Opera di Santa Croce. **4** Dormivano. **5** No, molte opere minori e molti documenti vennero distrutti completamente.

Exercise 69: si abbattè *(reg.)*; raggiunsero*(irr.)*; ebbe *(irr.)*; raggiunse *(irr.)*; giunse *(irr.)*; colse *(irr.)*; cominciò *(reg.)*; avvenne *(irr.)*; fu *(irr.)*; furono *(irr.)*; venne *(irr.)*.

Exercise 70: 1 I fiumi **strariparono**. **2 Tagliai** gli alberi.

3 Costruì una piccola capanna di paglia. **4 La tigre abbandonò** la foresta. **5 I lupi sparirono** da alcune parti dell'Italia. **6 I Bianchi passarono** l'estate in campeggio. **7 I romani conquistarono** la Gallia. **8 Mangiasti** solo il contorno? **9** Non **credettero** a quello che diceva. **10 Ci stabilimmo** a Roma.

Exercise 71: 1 Nacqui a Vicenza. **2** La sua famiglia **visse** due giorni senza luce e gas. **3 Il crocefisso venne perso** nell'inondazione. **4 Tenesti** una conferenza sull'ecologia. **5** Non **videro** mai la fine del film. **6 La polizia decise** di chiudere l'autostrada. **7 I miei genitori trascorsero** tutta la vita in campagna. **8 Mettemmo** le scarpe da montagna. **9** Non **voleste** partecipare alla riunione. **10 Il Duomo fu costruito** nel '500.

Exercise 72: 'Prima di salire allo scriptorium **passammo** in cucina a rifocillarci, perchè non **avevamo** preso nulla da quando ci **eravamo** alzati. Mi **rinfrancai** subito prendendo una scodella di latte caldo. Il gran camino meridionale già **bruciava** come una fucina, mentre nel forno si **preparava** il pane per domani. **Vidi**, tra i cucinieri, Salvatore, che mi **sorrise** con la sua bocca di lupo. E **vidi** che **prese** da un tavolo un avanzo del pollo della sera prima e lo **passò** di nascosto ai pastori che lo **nascosero** nelle loro giubbe di pelle. Ma il capo cuciniere **se ne accorse** e **rimproverò** Salvatore. "Cellario, cellario" **disse** "non dissipare i beni dell'abbazia!" Salvatore **si oscurò** in viso e **si voltò** adiratissimo, poi **fece** uscire in fretta i pastori e ci **guardò** con preoccupazione. "Maiale" gli **gridò** il cuciniere. Salvatore mi **sussurrò** nell'orecchio "È un bugiardo" poi **sputò** per terra. Il cuciniere **venne** a spingerlo fuori in malo modo e gli **rinchiuse** la porta alle spalle.'

Exercise 73: 1 È una nuova specie di zanzara orientale che causa consistenti allergie. **2** Perchè non dovrebbero dormire dove ci sono insetticidi. **3** Non lasciare recipienti d'acqua, non usare colori chiari, deodoranti o profumi, ma prendere vitamine C e B e strofinarsi di oli. **4** Oli essenziali come garofano, verbena e melissa diluiti in alcol o olio o pronti in stick o crema. **5** No, sono stati un vero fallimento!

Exercise 74: 1 No, non lo è. **2** Gli fanno pena i vitelli e i maiali. **3** La scritta con: 'attenzione cavalli da corsa'. **4** Perchè non sono così di moda. **5** Are we aware/do we notice?

Exercise 75: 1 Si vedono molti bei fiori. **2 Si beveva** solo vino italiano. **3** Se non ci **si diverte**, **si va** in un altro posto. **4** Non **si sa** cosa dire. **5 Si potrebbe** rinunciare ai dolci?

Exercise 76: 1 You never know! **2** What can we do? **3** We'll see! **4** It's getting late. **5** That's life! **6** One/we mustn't grumble! **7** Red at night shepherd's delight! **8** Don't look a gift horse in the mouth. **9** One does one's best. **10** Look who's here!

Exercise 77: 1 Può provocare un invecchiamento precoce della pelle e una depressione del sistema immunologico. **2** Ce ne sono sei. **3** Al terzo e al quarto. **4** Perchè hanno una pelle chiara, e sono fototipi 1 e 2. **5** Prima delle 11 e dopo le 16. **6** Fa bene ai bambini perchè ne aiuta la crescita e agli adulti perchè previene l'ostioporosi. **7** Consiglia di non restare al sole troppo a lungo, di evitare le ore centrali del giorno e di mettersi un buon prodotto protettivo.

Exercise 78: 1 Si dice 'Buon appetito'. **2** Si risponde 'Grazie, altrettanto'. **3** Si dice: 'Salute!' **4** Si chiede scusa. **5** Si dice: 'Avanti!'.

Exercise 79: 1 Nel 1870. **2** Sono la cinematografia e l'edilizia. **3** Perchè metà delle famiglie dipende da impieghi statali, parastatali o comunali. **4** Fu la creazione dei quartieri periferici sovraffollati e senza verde. **5** Si fanno l' immagine di una città piena di storia, d'arte e di musei.

Exercise 80: The missing word is **'grotte'** (caves).
*[These hill caves, a network of underground galleries or 'ventidotti', lead, in the middle of the **Villa da Schio** grounds, to the '**Grotta del Marinali**', a small villa where the famous stonecutter had his atelier.]*

Exercise 81: 1 falso. **2** vero. **3** vero. **4** falso. **5** falso.

Lesson 7

Exercise 82: 1 Di non aver telefonato prima a Carlo. **2** Per confermare la data del congresso e per prenotare le stanze. **3** Per esporre i manifesti. **4** Di avergli ricordato i vegetariani. **5** Per contattarlo fuori delle ore di ufficio.

Exercise 83: Pronto, mi può passare la signora De Marco per favore? ... No, mi dispiace ma non ce l'ho ma so che lavora al reparto vendite. ... No, purtroppo non posso, potrebbe dirle di telefonare a Charles Coyne a Verona? ... Il mio cognome è Coyne: ci, o, ipsilon, enne, e [Como, Otranto, Yalta, Novara, Enna]. ... Zero, tre, nove, otto, due, due, cinque, quattro, tre dalle quattordici in poi.

Exercise 84: 1 È un numero che non costa niente a chi telefona. **2** really. **3** has. **4** Migliora la propria immagine, le vendite e conosce meglio il proprio mercato. **5** Sì.

Exercise 85: 1 Perchè il computer è il più vicino al pensiero umano. **2** È in grado di tornare indietro e soffermarsi sul testo. **3** La macchina da scrivere è più bella ma anche più fredda e procede in modo orizzontale, il computer permette di stampare pagina per pagina e correggere. **4** Le fa a penna. **5** Si ubriaca, si droga, vagabonda e poi produce capolavori.

Exercise 86: 1 Viene **senza portare niente**. **2** Ascolta la radio **piuttosto di guardare la televisione**. **3** Va a letto **per riposarsi**. **4** Ha mandato un fax **prima di telefonare**. **5** Scrivo col pennarello **invece di usare il gesso**.

Exercise 87: 1 dopo aver letto. **2** di aver accettato. **3** per essere collegata. **4** dopo aver provato. **5** di essere arrivata.

Exercise 88: 1 There's no beauty without tears. **2** Actions speak louder than words. **3** What's said can't be unsaid. **4** Love knows no lies. **5** To leave is to die a little.

Exercise 89: 1 Non mi interessa **nuotare**. **2** Mi sveglio sempre al **suonare** della sveglia. **3 Ballare** la rende allegra. **4 Fumare** provoca molti disturbi. **5 Riposare** fa bene a tutti.

Exercise 90: 1 Mi hanno ringraziato di aver mandato il preventivo. **2** Ho visto il testo sparire dallo schermo. **3** È molto più facile scrivere con il computer. **4** Ero stanca/stanco dopo aver camminato fino alla stazione. **5** In un bar italiano si paga prima di ordinare il caffè.

Exercise 91: 1 Perchè Windows ha un'ingombrante e fragorosa presenza alla Fiera. **2** Si è svolta a Milano. **3** Consiste di tecnologie che permettono di commerciare dappertutto. **4** Perchè è amichevole, si usa in casa con il televisore come monitor. **5** È il nuovo personal computer 'Envision'. **6** Legge sia Cd audio che foto e i Cd Rom multimediali e utilizza Windows. **7** Può essere usato come hi-fi, telefono, videoregistratore, modem, fax e segreteria telefonica. **8** Ne ha il 4%. **9** Dall'Assinform. **10** È stato dedicato alla convergenza tra informatica, media e telecomunicazioni.

Exercise 92: 1 vero. **2** falso. **3** vero. **4** falso. **5** vero.

Exercise 93: 1 L'Assinform riconfermò il risultato. **2** Lo spedizioniere aveva assicurato la merce. **3** Il ministro dei trasporti ha inaugurato l'autostrada. **4** Chiunque può fare queste operazioni. **5** Hanno occupato la rete per tre ore.

Exercise 94: 1 Domani la giunta comunale sarà ricevuta dal sindaco. **2** Il suo discorso non era stato registrato da nessuno. **3** Mario è stato licenziato. **4** Da chi è stato preparato questo documento? **5** Il cinese è parlato dalla maggioranza della popolazione mondiale.

Exercise 95: 1 Era stata invitata dalla sua ditta a partecipare al congresso. **2** Non si usa ancora molto l'Internet./L'Internet non è ancora molto usato. **3** Si prenoteranno le stanze in anticipo. **4** Si usano più i computer in America che in Italia. **5** Si deve collegare il computer alla tastiera./Il computer va collegato alla tastiera. **6** Gli spaghetti non vanno mangiati con il cucchiaio./Non si devono mangiare gli spaghetti con il cucchiaio. **7** Il nuovo programma era stato installato da un esperto. **8** Avrebbe dovuto fare/essere lei l'interprete. **9** Mi insegnò mia moglie a guidare. **10** Il manifesto è stato appeso al muro.

Exercise 96: Mi dispiace moltissimo, vorrei proprio esserle d'aiuto ma purtroppo devo fare un seminario. … Mario, mi faresti un favore? Potresti fare uno scambio e fare tu il primo seminario oggi e io faccio il tuo domani? … Scusa Carlo, sai, ma purtroppo non posso. Al pomeriggio faccio sempre il footing. … Beh, allora digli che sarei ben felice di presentare io il ministro. E spero che apprezzerai il mio sacrificio …

Exercise 97: 1 Mi scuso di non aver telefonato prima. **2** Scusi, ho sbagliato numero. **3** Si usano molto i computer in Italia?/I computer sono molto usati in Italia? **4** Mi hanno mandato un nuovo contratto. **5** Guidare stanca.

Lesson 8

Exercise 98: 1 Andrà a far spese in centro. **2** Deve rispondere a un professore di Padova che l'ha invitato a fare delle conferenze. **3** L'avrebbe dovuto fare Andrea in cambio per l'iscrizione al corso di body building. **4** L'accompagna in palestra. **5** Si è offerto di portar fuori il cane e di preparare la cena.

Exercise 99: 1 La caccia e **la pesca** sono molto popolari in Italia. **2** La racchetta da tennis è **in cima** all'armadio. **3** Hai mai parlato con **l'avvocato** Rossi? **4** Ti piacciono **i gatti**? **5 Il Veronese** è **il mio** pittore preferito. **6** Ho letto una poesia **del Foscolo** e 'I Promessi Sposi' **del** Manzoni. **7** Ieri sono andata **dai Rossi** a pranzo. **8** Guardo **la televisione** e **mio marito** ascolta **la** radio. **9** Sono **le otto** e **gli italiani** si mettono tutti **a tavola. 10** In centro **il pane** e **la pasta** costano 1 euro di più **al** chilo.

Exercise 100: 1 Non credo ai giornali. **2** Agli italiani piace il rugby? **3** Il Monte Bianco è la montagna più alta d'Italia. **4** I dipinti di Tiziano sono i più belli del museo. **5** Giorgio si è rotto la gamba a sciare. **6** La lezione di aerobica comincia alle diciotto. **7** Il sabato vado a far la spesa in macchina. **8** La Juventus è la squadra preferita di Andrea. **9** Si dice che i gatti siano piuttosto indipendenti. **10** Tutti i loro figli hanno i capelli castani.

Exercise 101: 1 Animale domestico. **2** Come l'opposto dell'animale. **3** Lo tengono fuori. **4** Da bambino l'autore se la lasciava leccare. **5** Forse no.

Exercise 102: 1 Perchè la cavalla era molto ingrossata. **2** No, non riuscirono a prendere sonno. **3** Sentirono il suo nitrito infantile. **4** No. **5** Erano tutti e due sauri.

Exercise 103: 1 Si mette prima del nome del luogo. **2** In basso a sinistra. **3** Nelle lettere ufficiale e commerciali. **4** Va in basso a destra. **5** Il luogo.

Exercise 104:

Gentile signora,   Verona, 2 dicembre 2004

In risposta alla Sua cortese lettera del 22 novembre, tengo a precisare che per quanto mi riguarda non c'è nessun problema.

È vero che il mio balconcino dà sulla Sua terrazza e quando piove si riempiono d'acqua tutti e due, ma non ci posso proprio fare nulla. L'acqua non viene dal mio appartamento, viene dal cielo.

Forse lo scolo dalla Sua terrazza è bloccato o non funziona bene. Mi dispiace di non poterLe essere d'aiuto, ma purtroppo in questo caso la responsabilità è Sua e non mia.

Distinti saluti,

Mario Casali

Rag. Mario Casali
Via Leoncino 37
37100 Verona

Exercise 105:

Cari Mario e Concetta,   Glasgow, 2 novembre 2004

Grazie della vostra lettera e delle belle foto della nostre vacanze a Jesolo. Mark ed io ci siamo proprio divertiti con voi e ci ha fatto tanto piacere conoscere la vostra famiglia. Come vedete, cerchiamo di continuare a usare l'italiano e lo studiamo usando un libro con Cd oltre a leggere quanto possiamo. Non vediamo l'ora di far pratica con voi quando verrete a trovarci!

Non dimenticate la promessa di passare Pasqua in Scozia con noi.

Abbiamo già progettato tante gite da fare insieme, potremmo andare verso i laghi o in montagna.

Ma non dimenticatevi che probabilmente farà piu freddo che in Italia.

Ci auguriamo che Lisa si trovi bene all'Università a Milano. E come sta tua madre, Concetta? Si è goduta la settimana ad Abano Terme? Salutamela tanto.

Vi mando anche le foto che abbiamo fatto noi, non belle come le vostre, ma abbiamo pensato che vi farete una bella risata a vedere quella di Mark e Mario addormentati in spiaggia.

Tanti saluti, *Carol*

23, Pembroke Lodge, Roxborough Gardens – Glasgow G2 7NJ

Exercise 106: 1 Un incidente stradale. **2** È il Signor Remo Scola. **3** No, era in macchina. **4** Per una settimana. **5** Perchè aveva provocato lui l'incidente.

Exercise 107: 1 Perchè aveva una malattia congenita ai reni. **2** Fa lo sci, il basket, il calcio, il nuoto e l'atletica leggera. **3** È biondo, paffuto, con gli occhi vivaci, i capelli sulla fronte e un sorriso sempre pronto. **4** Ci ha partecipato nel '93 in Canada. **5** Ne ha vinte due d'oro nel nuoto e quattro d'argento nello sci.

Exercise 108: 1 La mia amica mi ha detto **che sarebbe andata da sola in palestra**. **2** Franca affermava **che l'aerobica era stata molto divertente**. **3** Il mio inquilino ha risposto **che non ci credeva**. **4** Carla dice **che non capisce questo gioco/di non capire questo gioco**. **5** L'allenatore dice ai giocatori **di mettersi dietro al pallone./che si mettano dietro al pallone.**

Exercise 109: 1 Mario mi scrisse che era appena tornato da Londra. **2** Gino mi ha detto che era stanco perchè aveva dovuto aspettare quasi un'ora. **3** Ti prometto che verrò a trovarti domani. **4** Rosa disse che non gli avava dato i soldi. **5** Gli ho chiesto di parlare più adagio.

Exercise 110: 1 Perchè ne aveva solo sentito parlare dai vecchi e ne aveva visto una vecchia stampa. **2** Senza guantoni aveva un'espressione simpatica e sportiva con i guantoni 'aveva il diavolo in corpo', con gli occhi ambigui. **3** Viene paragonato a un gatto, a un galletto, a una scimmia. **4** Perchè era bravo a 'schivare'. **5** No, lottavano a pugno nudo.

Exercise 111: 1 Mi pare che la stampa mostri due pugili inglesi.

2 Il ragazzo pensava che il maestro avesse una corporatura atletica. **3** Si dice che il campione del mondo guadagni più di 200.000 euro all'anno. **4** Aveva paura che io non avessi ricevuto la sua risposta. **5** Speravo che non fossero rimasti soli tutto il giorno.

Exercise 112: 1 Aveva deciso di lasciare a casa la macchina e aveva preso la metropolitana fino al Duomo. **2 Si era fermata** alla Rinascente **ed era salita** al reparto arredamento. **3 Si era lasciata** tentare da questi due bei barattoli di Alessi. **4** Poi **aveva visto** un magnifico paio di scarpe da Magli. **5** Purtroppo le **andavano** un po' strette e ci **aveva rinunciato**. **6** Alle 5 **si è trovata** con Martina a prendere il tè. **7** Non **pensava** che Martina **fosse** molto contenta dei suoi acquisti. **8** Infatti poi lei **era tornata** in via Spiga a cambiare un golfino. **9** Lei invece **era** andata in rosticceria e **aveva** comprato un po' di antipasto. **10** Questo foulard di seta di Missoni **è stato** l'unico acquisto un po' frivolo.

Exercise 113: Vorrei un paio di calzoni. Ne ha in svendita? …

Potrei provarli? Vanno bene per l'inverno? …

Sì mi piacciono. Quanto vengono? …

Vorrei qualcosa per mia moglie: un foulard o un maglione elegante.

Me ne può far vedere qualcuno, qualcosa di classico, non troppo vivaci e non troppo cari …

Beh, forse per le mie figlie, ma mi deve aiutare per la misura …

Posso usare una carta di credito?

Exercise 114: 1 Marco andò in palestra dopo che si fu accorto che sua madre aveva già portato il cane al parco. **2** Ho sentito che la casa era stata comprata dal signor Bruni. **3** Mi hanno detto/dissero che il dottor Fiorini non avrebbe preso parte. **4** I Rossi sono andati/andarono a giocare a tennis alle 6. **5** Si dice che appena Michelangelo ebbe finito la statua di Mosè gli domandò perchè non parlasse.

Appendix

CONJUGATION OF REGULAR AND AUXILIARY VERBS

INFINITIVE

parlare	vendere	dormire	avere	essere

GERUND

parlando	vendendo	dormendo	avendo	essendo

PAST PARTICIPLE

parlato	venduto	dormito	avuto	stato

PRESENT INDICATIVE

parlo	vendo	dormo	ho	sono
parli	vendi	dormi	hai	sei
parla	vende	dorme	ha	è
parliamo	vendiamo	dormiamo	abbiamo	siamo
parliate	vendete	dormite	avete	siete
parlano	vendono	dormono	hanno	sono

IMPERFECT INDICATIVE

parlavo	vendevo	dormivo	avevo	ero
parlavi	vendevi	dormivi	avevi	eri
parlava	vendeva	dormiva	aveva	era
parlavamo	vendevamo	dormivamo	avevamo	eravamo
parlavate	vendevate	dormivate	avevate	eravate
parlavano	vendevano	dormivano	avevano	erano

PAST SIMPLE – PASSATO REMOTO

parlai	vendei	dormii	ebbi	fui
parlasti	vendesti	dormisti	avesti	fosti
parlò	vendè	dormì	ebbe	fu
parlammo	vendemmo	dormimmo	avemmo	fummo
parlaste	vendeste	dormiste	aveste	foste
parlarono	venderono	dormirono	ebbero	furono

IMPERATIVE

[tu] parla!	vendi!	dormi!	abbi!	sii!
[Lei] parli!	venda!	dorma!	abbia!	sia
[noi] parliamo!	vendiamo!	dormiamo!	abbiamo!	siamo!
[voi] parlate!	vendete!	dormite!	abbiate!	siate!
[Loro] parlino!	vendano!	dormano!	abbiano!	s iano!

FUTURE

parlerò	venderò	dormirò	avrò	sarò
parlerai	venderai	dormirai	avrai	sarai
parlerà	venderà	dormirà	avrà	sarà
parleremo	venderemo	dormiremo	avremo	saremo
parlerete	venderete	dormirete	avrete	sarete
parleranno	venderanno	dormiranno	avranno	saranno

CONDITIONAL

parlerei	venderei	dormirei	avrei	sarei
parleresti	venderesti	dormiresti	avresti	saresti
parlerebbe	venderebbe	dormirebbe	avrebbe	sarebbe
parleremmo	venderemmo	dormiremmo	avremmo	saremmo

| parlereste | vendereste | dormireste | avreste | sareste |
| parlerebbero | venderebbero | dormirebbero | avrebbero | sarebbero |

PRESENT SUBJUNCTIVE

parli	venda	dorma	abbia	sia
parli	venda	dorma	abbia	sia
parli	venda	dorma	abbia	sia
parliamo	vendiamo	dormiamo	abbiamo	siamo
parliate	vendiate	dormiate	abbiate	siate
parlino	vendano	dormano	abbiate	siano

IMPERFECT SUBJUNCTIVE

mangiassi	vendessi	dormissi	avessi	fossi
mangiassi	vendessi	dormissi	avessi	fossi
mangiassi	vendesse	dormisse	avesse	fosse
mangiassimo	vendessimo	dormissimo	avessimo	fossimo
mangiaste	vendeste	dormiste	aveste	foste
mangiassero	vendessero	dormissero	avessero	fossero

Many verbs in -**ire** take -**isc** between the stem and the ending in the 1st, 2nd and 3rd persons singular and the 3rd person plural of the present indicative, subjunctive and imperative. For example, **finire**: present indicative: fin**isco**, fin**isci**, fin**isce**, finiamo, finite, fin**iscono**; present subjunctive: fin**isca**, fin**iscano**; imperative: fin**isci**! fin**isca**! finiamo! finite! fin**iscano**!.

All compound tenses – perfect (**passato prossimo**), pluperfect (**trapassato remoto**), future perfect, past conditional, perfect subjunctive and pluperfect subjunctive – are formed by using the auxiliary verbs + past participle.

IRREGULAR VERBS

Irregular imperfect tense
There are a small number of verbs which are irregular in the imperfect tense. They use the stem derived from the extended (Latin) form of the infinitive and their endings are regular. The most commonly used are:

	imperfect indicative	imperfect subjunctive
bere	**bevevo**	**bevessi**
condurre	**conducevo**	**conducessi**
dire	**dicevo**	**dicessi**
fare	**facevo**	**facessi**
tradurre	**traducevo**	**traducessi**

Irregular passato remoto
The majority of the verbs which have an irregular **passato remoto** belong to the -**ere** verbs and are irregular in the 1st person singular and in the 3rd person singular and plural:

chiudere
chiusi
chiudesti

chiuse
chiudemmo
chiudeste
chiusero

These verbs form the regular persons – the **tu**, **noi**, **voi** forms – using the original stem of the Latin infinitives:

dire	fare	tradurre	condurre
dissi	feci	tradussi	condussi
dicesti	**facesti**	**traducesti**	**conducesti**
disse	fece	tradusse	condusse
dicemmo	**facemmo**	**traducemmo**	**conducemmo**
diceste	**faceste**	**traduceste**	**conduceste**
dissero	fecero	tradussero	condussero

Irregular future and conditional tenses
A number of verbs have special future stems. Their endings, however, are always regular.

Some verbs drop the characteristic vowel of the infinitive :

	future	conditional
andare	andrò	andrei
avere	avrò	avrei
cadere	cadrò	cadrei
dovere	dovrò	dovrei
potere	potrò	potrei
sapere	saprò	saprei
vedere	vedrò	vedrei

Some verbs lose the characteristic vowel of the infinitive and have the following contracted forms:

bere	be**rr**ò	be**rr**ei
parere	pa**rr**ò	pa**rr**ei
rimanere	rima**rr**ò	rima**rr**ei
tenere	te**rr**ò	te**rr**ei
valere	va**rr**ò	va**rr**ei
venire	ve**rr**ò	ve**rr**ei
volere	vo**rr**ò	vo**rr**ei

Verbs ending in -**care**, -**gare**, -**ciare**, -**giare** and -**sciare** have spelling changes in the future to keep the sound of the stem.

Verbs ending in -**care** and -**gare** insert an **h** following the **c** and **g** of the stem endings:

cercare	cer**ch**erò	cer**ch**erei
pagare	pa**gh**erò	pa**gh**erei

Verbs ending in -**ciare**, -**giare** and -**sciare** drop the -**i** of the stem:

mangiare	mangerò	mangerei
lasciare	lascerò	lascerei

3 Some verbs in -**are** keep the -**a** of the stem:

dare	da**rò**	da**rei**
fare	fa**rò**	fa**rei**
stare	sta**rò**	sta**rei**

Index